UN ART CONTEXTUEL

DU MÊME AUTEUR
(extraits)

Opus (avec Jacques Coulais), Éditions du Figuier, 1990.
Capc-Musée 1973-1993, Éditions du Regard, 1993.
1989 (direction), Éditions du Regard, 1995.
La Création contemporaine entre structures et système, Publications de l'École des beaux-arts de Rouen, 1995.
Analyser l'art vivant, s'il se peut (un constat de balbutiement), Publications de l'École supérieure des arts décoratifs de Strasbourg, 1997.
Art, l'âge contemporain, Éditions du Regard, 1997.
L'Art comme expérience (avec Pascal Beausse et Laurent Goumarre), Dis-Voir, 1999.
L'Art dans son moment politique, La Lettre volée, 2000.
L'Image Corps – Figures de l'humain dans l'art du XXe siècle, Éditions du Regard, 2001.
Portraiturés (avec Élisabeth Nora), Éditions du Regard, 2003.
Codex Rudy Ricciotti, Ante Prima-Birkhäuser, 2003.
Terre habitée. Humain et urbain à l'ère de la mondialisation, Archibooks, 2005.
Extrême. Esthétiques de la limite dépassée, Flammarion, 2006.
Pierre et Gilles, Taschen, 2007.
Art, le présent, Éditions du Regard, 2009.

Paul Ardenne

UN ART CONTEXTUEL

Création artistique en milieu urbain, en situation, d'intervention, de participation

Champs arts

ISBN : 978-2-0812-2513-8

Pour Ami Barak

AVANT-PROPOS

> « L'art contextuel fait appel à des énoncés occasionnels. C'est dire que ces énoncés ne sont pas des descriptions du genre de celles par lesquelles procédait l'art traditionnel. »
>
> Jan Swidzinski,
> *L'Art comme art contextuel*

D'emblée, le lecteur – même averti – se posera cette question : l'art « contextuel », mais qu'est-ce donc ? Poussé par la curiosité, peut-être ouvrira-t-il un dictionnaire récapitulant les différents mouvements esthétiques jalonnant l'histoire de l'art moderne puis contemporain, comme l'on sait, fort nombreux. Déception prévisible. L'art « contextuel » ? Aucune mention pour attester de son existence. Ou si, peut-être, mais d'une manière plus que discrète. En 1976, l'artiste polonais Jan Swidzinski publie son manifeste *L'Art comme art contextuel*. Une formulation isolée, relative à une œuvre spécifique (la sienne), se référant en l'occurrence à une réalité artistique dans les faits déjà fort développée, mais restée peu médiatisée [1].

De même que la fonction crée l'organe, il arrive que certaines réalités nouvelles ou très évolutives incitent à enrichir le vocabulaire. C'est le cas, dans le champ de la création en arts plastiques, de l'art « contextuel ». L'art nous avait habitués à apparaître sous la forme de tableaux, de sculptures, voire d'objets ordinaires, dans la lignée du *ready-made*. Bien des artistes, dès l'orée du XXe siècle, rejettent en bloc ces supports ou ces expédients. Nous étions conviés à contempler l'art dans des lieux identifiés, emblèmes du pouvoir économique ou symbolique, tels que la galerie d'art ou le musée. Bien des artistes vont déserter ces périmètres sacrés de la médiation artistique pour présenter leurs œuvres, qui dans la rue, dans les espaces publics ou la campagne, qui dans les médias ou quelque autre lieu permettant d'échapper aux structures instituées. L'art, y compris dans son moment moderne, était teinté d'idéalisme, prenait pour visée l'arrachement du spectateur aux turpitudes terrestres. Bien des artistes, tournant le dos à l'art pour l'art ou au principe d'autonomie, en appellent alors à la mise en valeur de la réalité brute. Pour ceux-là, héritiers du réalisme historique (celui, au premier chef, d'un Courbet), l'art doit être relié aux choses de tous les jours, se produire dans l'instant, en relation étroite avec le « contexte », justement.

1. Seule publication accessible, celle que la revue canadienne *Inter* en donne en 1991, dans le cadre d'un dossier consacré à Jan Swidzinski (n° 68, p. 35-50, coordination de Richard Martel).

Sous le terme d'art « contextuel », on entendra l'ensemble des formes d'expression artistique qui diffèrent de l'œuvre d'art au sens traditionnel : art d'intervention et art engagé de caractère activiste (*happenings* en espace public, « manœuvres »), art investissant l'espace urbain ou le paysage (performances de rue, art paysager en situation...), esthétiques dites participatives ou actives dans le champ de l'économie, des médias ou du spectacle. Nées pour l'essentiel au début du XXe siècle, durant lequel elles connaîtront un développement constant et une expression protéiforme, ces formules artistiques ont de prime abord de quoi surprendre. Bien souvent, le sens commun leur dénie même la qualité de « créations », à plus forte raison « artistiques ». Tel artiste, à l'instar d'un objet, s'expose dans la rue (Gerz, Arnatt...), tel autre y roule une boule de papier et discute avec les passants (Pistoletto) ; celui-ci découpe en deux une maison dans une lointaine banlieue (Matta-Clark), réalise un observatoire (Boezem) ou demande par voie de presse au lecteur d'un quotidien du soir de lui envoyer son opinion sur le monde tel qu'il va (Fred Forest) ; celui-là choisit une fonction qui s'assimile en bien des points à celle d'un médiateur culturel (Filliou), et cet autre, à celle d'un entrepreneur du secteur économique (Latham)... Aucun, à l'évidence, ne reproduit le schéma courant dans lequel nous nous représentons l'artiste. Tous pourtant s'inscrivent dans une authentique création. Leur conception de l'art, du rôle de l'artiste ? Elle s'écarte de celle qui est le lot commun, et la différence est ici profonde, ontologique. Car cette fois, pour l'artiste, il s'agit que la création, en priorité, prenne en charge la réalité, plutôt que de travailler du côté du simulacre, de la description figurative, ou de jouer avec le phénomène des apparences.

Le « contexte », consigne le lexique, désigne l'« ensemble des circonstances dans lesquelles s'insère un fait ». Un art dit « contextuel » opte donc pour la mise en rapport directe de l'œuvre et de la réalité, sans intermédiaire. L'œuvre est insertion dans le tissu du monde concret, confrontation avec les conditions matérielles. Plutôt que de donner à voir, à lire des signes qui constituent, sur le mode du référentiel, autant d'« images », l'artiste « contextuel » choisit d'investir la réalité d'une façon événementielle. Comme le dit Guy Sioui Durand, l'œuvre se réalise « en contexte réel », de manière « parallèle » aux autres formes d'art plus traditionnelles[1]. L'univers de prédilection et de travail de l'artiste devient l'univers en tant que tel, tout à la fois social, politique et économique. Un univers *a priori* familier, proche en tout cas, et immédiat, où son action va se révéler tant affirmative et volontariste (occuper le terrain sans l'aval de quiconque) que prospective et expérimentale (investir la réalité, c'est aussi la découvrir, l'œuvre d'art s'y adaptant en conséquence). Sachant que le rapport de l'artiste « contextuel » à la réalité peut être, à dessein, polémique. On joue avec les signes publics (la signalé-

1. Guy Sioui Durand, *L'Art comme alternative*, Québec, Inter éditeur, 1997. Consacré aux « réseaux et pratiques d'art parallèle au Québec » entre 1976 et 1996, cet ouvrage débute par une introduction théorique dans laquelle l'auteur examine dans toutes ses implications la nature et la portée de l'« art parallèle » envisagé au sens large. Voir notamment chap. I, § « Qu'est-ce que l'art parallèle », p. 13.

tique, les affiches, les perspectives…), on brouille les cartes, on met en scène des postures incohérentes, jusqu'à engendrer parfois un art en déphasage et aux effets inattendus, qui en vient à bousculer la réalité (art « inorganique », art furtif, etc.).

La position de l'art « contextuel », en résumé : mettre à bonne distance représentations (l'art classique), détournements (l'art d'esprit duchampien), perspective autocritique où l'art se considère et se dissèque lui-même, de façon tautologique (l'art conceptuel). Son pari : faire valoir le potentiel critique et esthétique de pratiques artistiques plus portées à la présentation qu'à la représentation, pratiques proposées sur le mode de l'intervention, ici et maintenant. Là où le réalisme historique, au XIXe siècle, n'avait pu s'arracher à l'habitude de la représentation, l'art « contextuel » qui le prolonge entend pour sa part s'incarner. À travers lui se voient posées maintes questions, toutes relatives aux contingences de la vie présente : qu'est, au juste, la « réalité », cette somme de circonstances ? L'artiste peut-il être en phase avec elle ? Une esthétisation viable de la politique, de l'économie, de l'écologie, des médias… est-elle possible ? Autant d'interrogations qui nous tourmenteront encore longtemps, sans nul doute, mais auxquelles ce type de création apporte des réponses différentes de l'approche artistique classique.

I

UN ART « CONTEXTUEL », OU COMMENT ANNEXER LA RÉALITÉ

Happenings publics, « manœuvres », Street Art Performance, *earthworks*, créations en réseaux et Net Art, créations participatives ou relevant de l'« esthétique relationnelle », forums politiques animés par des artistes, entreprises économiques créées au nom de l'art… Toutes ces formules, que vulgarise le XXe siècle, peuvent à divers titres être rangées dans la rubrique art « contextuel ». Si leur nature diffère, si leurs objectifs peuvent ne pas concorder, et leurs destins respectifs diverger, toutes retrouvent pourtant une cohérence d'ensemble sitôt envisagées sous l'angle de l'attachement au principe qui les fonde : la *réalité.* Et toutes ont cette caractéristique qui les rapproche et les fédère : la primauté donnée au « contexte ».

La première qualité d'un art « contextuel », c'est donc son indéfectible relation à la réalité. Non sur le mode de la représentation, caractéristique de l'artiste dit naguère « réaliste », lequel puise dans le monde qui l'environne les thèmes de créations plastiques dont il fera tout au plus des images, et dont le destin reste pictural. Mais plutôt sur le mode de la coprésence, en vertu cette fois d'une logique d'investissement qui voit l'œuvre d'art directement connectée à un sujet relevant de l'histoire immédiate. S'agit-il de faire valoir un art de contenu politique ? L'artiste descend alors dans l'arène : il investit la rue, l'usine, le bureau. Un art du paysage ? L'artiste lui-même se glisse dans le paysage, physiquement, pour le travailler et le modifier. Un art en relation avec l'économie ? L'artiste se fait businessman. Un art habité par un souci d'animation sociale ? L'artiste devient producteur d'événements.

Contexte

Un art dit « contextuel » – à savoir cette création artistique différant par sa nature, son contenu et son esprit de vecteurs d'expression plus traditionnels tels que le tableau, la sculpture ou l'art de musée. Mais encore ? Les pratiques telles que l'art d'intervention, l'art engagé de caractère activiste, l'art in situ [1], la création collective ou encore diverses *manierae* artistiques développées dans un cadre non artistique, tributaires du monde matériel et de l'environnement le plus concret qui soit.

1. L'art in situ se définit par rapport à son site d'accueil et d'exposition, pour lequel il est créé spécifiquement. En général éphémère, il constitue moins un élément de décor qu'une proposition esthétique de nature critique. Il se développe à grande échelle à compter des années 1960 avec l'art minimal ou encore à travers l'œuvre d'artistes tels que Daniel Buren, Lothar Baumgarten ou le courant néo-conceptuel (années 1980-90, dans le sillage de l'art conceptuel originel, plus intéressé en son temps par l'autoréflexivité, l'analyse du statut de l'art et de son rapport à l'institution, au musée, à la critique et au marché).

En matière de création artistique, la période historique récente aura consacré le développement d'un rapport renouvelé entre l'art et le monde. La « réalité » y devient un pôle d'intérêt courant, un sujet d'attraction. Pour le dictionnaire, relève de la « réalité » tout ce qui a « le caractère de ce qui est réel, de ce qui ne constitue pas seulement un concept, mais une chose [1] ». Ce qui est réel, que l'on considère un élément (une réalité) ou l'ensemble (la réalité), s'oppose donc à l'apparent, à l'illusoire, au fictif. La « réalité », au-delà de l'univers de la « chose », c'est aussi ce qui est actuel et ressortit, plus qu'au présent, au devenir et au phénomène, à l'imbrication sans cesse réactualisée des faits, au monde qui se développe. Effectivité, d'une part (ce qui est), actualité, d'autre part (ce qui se fait) : c'est ainsi comprise que la « réalité », pour les modernes, devient une préoccupation artistique, tandis que l'artiste qui s'en empare, refusant toutes formes de simulacre, valorise dans la foulée la notion de présence active et des pratiques d'art anti-idéalistes, accomplies dans l'immédiateté, au cœur de l'univers concret. Le « contexte » – venons-y – désigne pour sa part l'« ensemble des circonstances dans lesquelles s'insère un fait », circonstances qui sont elles-mêmes en situation d'interaction (le « contexte », étymologiquement, c'est l'« assemblage », du bas latin *contextus*, de *contextere*, « tisser avec »). Un art dit « contextuel » regroupe toutes les créations qui s'ancrent dans les circonstances et se révèlent soucieuses de « tisser avec » la réalité. Une réalité que l'artiste veut faire plus que représenter, ce qui l'amène à délaisser les formes clas-

1. Dictionnaire Le Petit Robert.

siques de représentation (peinture, sculpture, photographie ou vidéo, lorsqu'elles sont utilisées comme uniques formules d'exposition) pour leur préférer la mise en rapport directe et sans intermédiaire de l'œuvre et du réel. Pour l'artiste, il s'agit bien de « tisser avec » le monde qui l'entoure, de même que les contextes tissent et retissent la réalité. Loin de n'être qu'une illustration et une mise en figure des choses, loin de ne parler que de lui-même, dans une démarche tautologique, loin de faire de l'idéal sa religion, l'art s'incarne, enrichi au contact du monde tel qu'il va, nourri pour le pire ou le meilleur des circonstances qui font, défont, rendent palpable ou moins palpable l'histoire. Comme l'écrit Daniel Buren, partisan de l'art in situ (créé en fonction du lieu de son exposition et interdépendant de celui-ci) : « Je demande que l'on fasse bien attention au contexte. À tous les contextes. À ce qu'ils permettent, ce qu'ils refusent, ce qu'ils cachent, ce qu'ils mettent en valeur[1]. » Ce souci de vigilance, on s'en doute, n'est pas de nature paranoïaque, au sens où l'artiste pourrait craindre d'être le jouet d'une situation. Une telle attention atteste plutôt une prise de position résolue. La réalité, dit l'artiste revenu de la tentation de l'idéal ou du formalisme, c'est aussi mon affaire.

Toujours plus sensible à mesure qu'avance le XXe siècle, revendiquée de manière ouverte à compter des années 1960, cette préoccupation qu'expriment de nombreux artistes pour le contexte est consécutive à une mise à distance progressive du « monde de l'art » envisagé dans son acception classique. L'univers de la

1. Daniel Buren, *À force de descendre dans la rue, l'art peut-il enfin y monter ?*, Paris, Sens & Tonka, 1998, p. 86.

galerie, du musée, du marché, de la collection est devenu, pour nombre de créateurs, trop étriqué, trop circonscrit, donc une entrave à la créativité. D'où le choix d'un art circonstanciel, sous-tendu par le désir d'abolir les barrières spatio-temporelles entre création et perception de l'œuvre. Dans le sens décisif, on le devine, de l'immédiateté, du rapport le plus court possible entre l'artiste et son public. Si l'art archaïque s'est attelé à donner forme à la pensée symbolique, si l'art classique s'est lancé sans mesure dans la quête d'une expression visant à la maîtrise du visible et à sa réglementation, si l'art moderne s'accomplit en son temps dans la liberté créatrice, au risque parfois du solipsisme (faire de la création une production autonome jusque dans sa signification), l'art qui en a pris le relais sera mieux défini par le souci de la contextualité. L'art « contextuel » quitte le territoire de l'idéalisme, tourne le dos à la représentation, entend s'immerger dans l'ordre des choses concrètes. En termes morphologiques, l'attention qu'on porte au monde tel qu'il est et tel qu'on le vit se traduit par l'émergence de pratiques artistiques rompant avec l'usage : de l'art d'intervention et de dénonciation aux esthétiques participationnelles en tout genre. En 1972, l'artiste anglais Gustav Metzger, spécialiste des formules d'intervention en milieu urbain, signifie que le recours à un art en contexte réel suppose la révocation de la conception classique de l'artiste : « La question de savoir si les travaux que j'ai exposés sont de l'art ou pas me concerne peu. Je serais finalement assez heureux que cela n'en soit pas.[1] » Plus qu'un façonnier de la forme,

1. Gustav Metzger, « Note on Recent Work 1972 », in *Prismavis*, n° 4, Hovikodden, septembre 1972, p. 12.

l'artiste, figure dorénavant impliquée, se change en acteur, personnalité dont l'action est à la fois activiste et critique – personnalité « incidente[1] », dit un autre artiste britannique, John Latham –, et dont la position, plus sociale que retranchée dans l'atelier, se veut tout à la fois engagée, perturbatrice et vigilante : celui qui « surveille les faits et écoute les bruits », pour parler de nouveau comme Latham, non forcément pour adhérer dans l'instant mais afin de promouvoir une action ancrée dans une réalité que l'artiste approche et analyse au plus près.

L'appropriation artistique de la « réalité » : quelques rappels

Cerner la nature de l'art « contextuel » soulève maintes problématiques : comment l'artiste comprend-il la « réalité », cette somme des circonstances où il entend opérer en usant d'une création en rapport avec elle ? Est-il en phase avec celle-ci ? Y a-t-il une esthétisation possible, et pertinente, de la vie matérielle ? Devenu

1. Pour John Latham, le concept de « personnalité incidente » s'applique à l'individu confronté à deux positions idéologiques intangibles et qui adopte en ce cas « une troisième position idéologique pour se placer hors de la zone de contact ». « Cette fonction, continue Latham, a surtout pour visée de surveiller les choses et d'écouter les bruits (...). En agissant de la sorte, l'individu "incident" représente ceux qui n'entendent pas accepter comme valides les fondements idéologiques qu'on voudrait leur imposer (...) et qui sont appelés à occuper la scène plus tard » (sur ce point, voir John Latham, *Event Structure – Approach to a Basic Contradiction*, Calgary, Scartissue, 1981).

« contextuel », l'art ne s'expose-t-il pas au risque de se confondre avec son objet, et l'artiste, pour sa part, de se mélanger à d'autres acteurs du paysage social desquels il ne se distinguerait plus ?

En termes de perspective historique, ces interrogations ne sont pas spécifiques au XXe siècle et ne surgissent pas sans antécédents sur le devant de la scène. L'art « contextuel », d'un point de vue séminal, hérite du réalisme et de son questionnement sur la mise en figure du réel. On connaît la fameuse formule de Gustave Courbet, qui fit scandale en 1861, « le fond du réalisme, c'est la négation de l'idéal », ou encore, quelques années plus tôt, à propos de *L'Atelier*, « c'est le monde qui vient se faire peindre chez moi [1] ». Courbet, s'il rédige en solitaire le *Manifeste du réalisme*, n'est en revanche pas le seul à valider dès cette époque l'art décrété « réaliste », c'est-à-dire, selon ses termes, « à même de traduire les mœurs, les idées, l'aspect de [son] époque », et animé par le souci impérieux de « faire de l'art vivant ». S'il n'existe pas au sens strict d'école réaliste, le réalisme n'en est pas moins une problématique devenue alors courante, qui préoccupe bien des penseurs, à commencer par Edmond Duranty (revue *Réalisme*, 1857) et Jules Champfleury (*Réalisme*, recueil de textes critiques), ou encore un théoricien de la révolution sociale aussi éminent que Pierre-Joseph Proudhon (*De l'art et de sa destination sociale*, posthume, 1865). Les partisans du réalisme ont un référent unitaire, la concordance. Pour eux, l'art doit être le miroir de

1. Sur Courbet et le réalisme, concernant les développements qui suivent, voir James Henry Rubin, *Réalisme et vision sociale chez Courbet et Proudhon*, Paris, Éditions du Regard, 1989.

l'époque, accéder à un statut « moderne » – l'éternel mais aussi l'éphémère, selon Baudelaire –, rendre compte des transformations puissantes imposées à l'homme par la société industrielle en pleine croissance. Considérations non dénuées d'arrière-pensées politiques, comme on le devine, le plus souvent socialistes. Ainsi, pour Champfleury, l'art doit travailler à la « réconciliation » entre les hommes et entre l'homme et la société, son « but suprême ».

Cet environnement favorable à une « mise en art » de la réalité est à l'origine de multiples refontes du concept d'art. Courbet, qui n'est pas à court de théories, crée le concept d'« allégorie réelle », et fait de la peinture une citation animée de la réalité. « L'allégorie réelle, commente Harry Levin, est ici celle de l'artiste qui fait son autoportrait, dont le monde est l'atelier, et l'atelier le monde, dont les symboles sont des réalités et dont l'idéologie est son art[1]. » La notion d'artiste elle-même évolue dans le sens de l'individualisme. Du même Courbet, qui put décréter être son « propre gouvernement », Baudelaire dit dans son étude de l'Exposition universelle de 1855 qu'il livre « la guerre à l'imagination (...) au profit de la nature extérieure, positive, immédiate ». Intronisation par le poète des *Fleurs du Mal*, au passage, de l'artiste militant. Celui-ci, en plus de peindre, se veut porteur de conceptions, démarche qui l'assimile à un théoricien. Ces conceptions, dans le cas de Courbet, en font un défenseur de l'immanence (l'art est pour ce monde, il doit se préoccuper de l'ici-bas, quelle que soit sa trivialité), sinon un acteur sponta-

1. Harry Levin, *The Gates of Horn : A Study of Five French Realists*, New York, 1966, p. 70.

néiste (l'artiste réagit au réel, il le subit moins qu'il ne lui impose une vision personnelle, concrète et transformatrice). Dans cette figure de l'artiste *new model* qu'est le réaliste, on sera évidemment tenté de reconnaître l'émanation sécularisée du « peintre de la vie moderne » cher à Baudelaire, un artiste ayant abandonné sans grand regret le statut de démiurge (*Le Peintre de la vie moderne*, 1863). Son art, le réaliste l'inscrit sans état d'âme dans le domaine terrestre et dans le présent historique, loin de l'idéalisation qui nourrissait l'esprit classique (idéal winckelmannien de « faire du grec pur », ainsi que le préconisait David). Le réalisme remet l'art sur ses pieds, tout comme la philosophie d'un Marx entend renverser les hiérarchies établies et faire descendre le ciel sur la terre. L'artiste réaliste instille dans la pratique artistique, ainsi que le relève à nouveau Baudelaire à propos du chansonnier et révolutionnaire lyonnais Pierre Dupont, un impératif « de morale et d'utilité ». Remise en question de la crédibilité accordée à l'art pour l'art et prééminence d'un art arraché à l'idéalisme, tout entier dédié à l'homme « réel », celui dont la vraie vie est ici-bas et dont les préoccupations sont d'ordre concret. William Morris, inlassable défenseur de l'artiste comme artisan, se fait l'écho de telles positions dans sa célèbre conférence « L'art en ploutocratie » (Oxford, 14 novembre 1883) :

> « Tout art, si grand soit-il, est influencé par les conditions de travail de la masse de l'humanité ; il est dérisoire et vain de prétendre que l'art, fût-il le plus intellectuel, est indépendant de ces conditions générales [1]. »

1. William Morris, « L'art en ploutocratie », in *Contre l'art d'élite* (textes réunis par Jean Gattegno), Paris, Hermann, 1985, p. 37-64.

Proudhon, dans sa *Philosophie du progrès* (1853), notait qu'« il n'y a pour l'art, et il ne peut y avoir réellement, que deux époques : l'époque religieuse ou idolâtrie, dont la Grèce fournit la plus haute expression, et l'époque industrielle ou humanitaire, qui semble à peine commencer ». Le trait, sans nul doute, est schématique et en partie contestable (on peut bien tuer Dieu, cela ne fait pas disparaître le religieux pour autant ; quant à la religiosité, elle change de nature, d'idoles et d'objectifs). Du point de vue quelque peu lapidaire de Proudhon, on retiendra une évolution de la destination de l'activité humaine, en Occident du moins : les temps modernes entérinent une désacralisation et une sécularisation toujours plus marquées, et en contrepartie un intérêt sans cesse accru pour le matérialisme. Ce bouleversement de la conscience occidentale au profit du matérialisme explique l'avènement du réalisme, sans doute inconcevable dans le cadre qu'aurait fourni (reprenons le terme de Proudhon) la seule « époque religieuse ». Il en va de même pour l'art « contextuel » : tard venu dans l'histoire de l'art, celui-ci entend d'abord rendre compte de l'homme dans son cadre matériel d'existence. Cette forme d'art est inconcevable tant que le deuil n'a pas été fait d'une certaine conception de l'art, celle nourrie par les préoccupations de beauté, d'illusion, d'artifice et de spectacle ; deuil, péremption qui, on le sait, ne se sont pas faits en un jour. Le réalisme, en l'occurrence, en est resté longtemps à un stade intermédiaire, soucieux de la « matérialité » du monde (avec pour sujets de prédilection le quotidien, la banalité, le travail, la condition humaine...), mais en la traitant sur un mode qui reste celui de la représentation. Cette phase d'hésitations est caractérisée par une puissante illusion qui crédite de pouvoirs l'expression figurative objectiviste. Pour suggestives que soient les œuvres qu'ils laissent dans leur sillage, les réalismes picturaux ou photographiques de la première moitié du XXe siècle s'avèrent aussi pénalisés par cette limite, par leur souscription à l'esthétisation – et on pense là, à bon droit, à la *Neue Sachlichkeit* allemande, aux courants réalistes européens dans leur diversité locale, à l'Ash Can School, au régionalisme et au muralisme en Amérique, sans oublier les caricaturaux réalismes d'essence totalitaire en U.R.S.S. ou en Allemagne nazie. Le point commun à ces différentes expressions d'essence réaliste est de représenter l'humain dans son cadre de vie. En précisant bien que ce n'est faire là que « représenter », produire des images. Les images et la réalité – les premières traiteraient-elles avec circonspection de la seconde – s'accordent rarement de manière systématique.

Déborder l'art fait pour la vision

Partant du principe que les arts plastiques se destinent en première instance à la vue, la manière dont on les présente à l'œil du spectateur relève d'une politique des sens, autant dire d'une politique tout court. Le terme *expositio* (XIe siècle) désigne la « mise en vue », laquelle est sous-tendue par le caractère politique indéniable de l'exposition, cette publicité rarement désintéressée donnée à l'œuvre d'art. L'histoire de l'art, on le sait, est aussi une histoire de l'exposition. Entre la présentation en « tapissage », caractéristique des collections privées de la Renaissance (mettre en valeur la détention et la puissance matérielle du détenteur), et le White Cube du musée moderne (célébrer l'art comme abstraction et comme idéal), tout un rapport complexe se décline, que codifie l'attribution à l'œuvre d'art d'une fonctionnalité évolutive et dans chaque cas différente. Ce rapport est certes dépendant d'un souci d'aménagement et de respect de l'œuvre, mais il n'en est pas moins l'expression ou l'affirmation de multiples pouvoirs : détention de l'œuvre d'art, capacité à la mettre en valeur, droit d'édicter les conditions qui en régissent la présentation ou l'accès, le tout allant dans le sens, pour reprendre les termes utilisés par l'essayiste Brian O'Doherty [1], de l'« idéologie » qui accompagne la prise en charge muséale de l'art. Cela sans même tenir compte des mobiles sous-jacents qui, eux, débordent l'art de toutes parts et vont jusqu'à engager une realpolitik. « Nos motifs ne sont pas innocents », déclare Philippe de Montebello, le directeur du Metropolitan Museum of Art de New York, lors d'un symposium international au titre fort évocateur, *Expositions – vecteurs du politique ?* [2]. Un point de vue que développe sans équivoque le commissaire Hubert Glaser :

> « Les expositions ont acquis un statut politique, elles font partie des moyens privilégiés par lesquels se docu-

1. À propos de ses analyses consacrées au White Cube. Voir Brian O'Doherty, *The Ideology of the Gallery Space*, Santa Monica/San Francisco, The Lapis Press, 1986 (la réunion de trois essais parus dix ans plus tôt dans la revue new-yorkaise *Artforum*).

2. Philippe de Montebello, « Exhibitions and Permanent Museum Collections – Competition or Correspondance ? », in actes du symposium *Ausstellungen – Mittel der Politik ?*, Berlin, 10-19 septembre 1980.

mentent et s'illustrent l'entente et la coopération internationales, l'identité nationale et régionale, la continuité historique, la conscience de soi et l'amour de la culture d'un État [1]. »

Plus sobrement exprimé : la muséographie est d'essence politique ; sous ses dehors accortes, l'offre d'expositions, généreuse par l'esprit, active le plus souvent une symbolique de la domination. Servir l'œil pour l'asservir ?

Peu porté à souscrire à l'impératif « muséal » (ou alors pour le subvertir : Marcel Broodthaers et son fictif *Musée d'Art moderne – département des Aigles*, Claes Oldenburg et son *Mouse Museum*, tout aussi fictif que le précédent, Daniel Buren, Michael Asher… [2]), l'art en contexte réel contribue de manière avérée à réformer le sens qu'a pu donner à la « mise en vue » l'histoire de l'art, une histoire qui est aussi celle d'un triomphe progressif du musée. Que nombre d'actes artistiques, parfois illégaux, se dirigent contre le musée ou contre des

1. Sur ces points, voir *L'Art de l'exposition* (coll.), Paris, Éditions du Regard, 1998, notamment l'introduction de Katharina Hegewisch, p. 32.

2. Les « musées fictifs » d'artistes, qui se multiplient à partir des années 1960, sont pour une large part à mettre au compte de la mode simulationniste : on imite le musée réel mais avec chaque fois un décalage. Rien à voir, en ce sens, avec le musée concret qu'un artiste peut consacrer à son œuvre, à l'instar de Gustave Moreau (qui ne voulait pas que ses toiles, à sa mort, soient dispersées) ou de Marcel Duchamp (la *Boîte-en-valise* de 1936-1941, « un petit musée portatif pour ainsi dire », pour reprendre les termes de son créateur), entre autres. Sur les musées d'artistes, voir *Museums by Artists*, coll. (A. A. Bronson et Peggy Gale, dir.), Toronto, Art Metropole, 1983.

expositions officielles, eu égard à ce positionnement réformateur, voilà qui n'a rien d'anormal. Jon Hendricks et Jean Toche, membres new-yorkais du GAAG (Guerrilla Art Action Group), décrochent au MoMA, le 30 octobre 1969, le *Carré blanc sur fond blanc* de Malevitch : ils le remplacent par un manifeste de leur association dénonçant le caractère manipulateur du musée et en appellent à sa fermeture le temps que durera la guerre du Vietnam [1]... Une exposition, à l'âge contextuel de l'art, ce n'est plus forcément l'établissement de divers tableaux ou sculptures dans une salle de musée et dans un certain ordre disposés. Que l'exposition investisse la rue, qu'elle se coule dans un défilé de mode, un concert techno, voire, dans le cas de Marcel Duchamp (*La Boîte-en-valise*), de Robert Filliou (*Galerie légitime*) ou de la Nasubi Gallery, une valise, un chapeau ou le sac à dos d'un artiste devenu le colporteur de son propre musée, elle est comprise par l'artiste comme une formule qu'il lui faut prendre en charge et maîtriser. Quittant le musée, l'œuvre d'art n'est plus expressément conçue pour lui et peut adhérer au monde, en épouser les sursauts, en occuper les lieux les plus divers tout en offrant au spectateur une expérience sensible originale. Tenant moins de la classique « mise en vue » que de l'acte sollicitant du

1. On donne à ce type d'action le nom de « manifeste-agi » : une revendication, sa formulation, sa réalisation concrète. Un autre exemple d'agression du musée : Monty Cantsin, le 28 août 1988, désireux de protester contre la fermeture du Tompkins Square Park, réalise une peinture gestuelle avec son propre sang, dont il se sert pour tracer un X entre deux tableaux de Picasso. Il est arrêté par la police, enfermé deux jours et condamné à verser une amende de 1 000 dollars.

spectateur une vision que rien ne prédéterminerait, elle consacre un modèle d'exposition libertaire apte à échapper aux conventions. Modèle revenu de la nécessité, pour l'artiste, de devoir composer avec l'institution et ses agents, conservateurs ou commissaires d'exposition. On se souvient des débats animés qui ont agité les peintres et suscité la formation de la Sécession viennoise, en 1897, débats relatifs à la constitution de jurys d'artistes, à l'auto-exposition et à la prise en charge par l'artiste de la présentation de ses propres travaux. Rappelons, dans le même esprit, le principe d'auto-organisation qu'ont adopté, dans le sillage de Courbet et Manet, impressionnistes (chez Nadar, boulevard des Capucines, en 1873), futuristes (l'exposition itinérante de 1912) puis dadaïstes (Dada Messe, 1920). Autant de contournements pionniers de l'*imperium* muséographique institutionnel, à rebours de l'assujettissement, qui déboucheront au XXe siècle sur des pratiques d'exposition que les artistes façonnent à leur désir, qu'il s'agisse d'exposer hors lieu muséal, ou simultanément à l'intérieur et à l'extérieur de celui-ci.

La dialectique du « site » et du « non-site », chez un artiste tel que Robert Smithson, connu pour ses réalisations en extérieur, à même le paysage sauvage (*Spiral Jetty*, 1970), se nourrit de cette approche libérée de l'exposition. Le « non-site » de la galerie d'art, où sont présentés des éléments tels que matières, plans ou photographies relatifs à l'œuvre exécutée dans son « site » réel, le tissu naturel, en constitue alors le rappel, le prolongement et une mise en perspective à la fois esthétique et critique. Une même liberté, mais exacerbée, se retrouve chez André Cadere, à travers l'usage de ses *Bâtons*, barres de bois décorées d'anneaux colorés que l'artiste promène avec lui et qu'il expose de manière non programmée, selon son humeur. D'une présentation de ces *Bâtons* (un « événement », dit-il, plus qu'une exposition), Cadere note :

> « Cette exposition s'est déroulée dans quatre endroits différents : a) sans permission dans un accrochage de la galerie Sonnabend ; b) du premier jusqu'au dernier jour de l'exposition *Actualité d'un bilan* organisée par Yvon Lambert (sans y être invité mais avec la permission de l'organisateur) ; c) dans la vitrine et avec l'autorisation de L. Darcy, boulanger-pâtissier (rue de Seine – à l'époque, le quartier des galeries) ; d) dans un magasin "rétro" : *Le Grand Chic parisien*, situé dans ce même quartier [1]. »

Péremption manifeste de la hiérarchie d'ordinaire instituée entre lieu muséal et lieu non muséal, obsolescence de leur différenciation.

À cette requalification de la « mise en vue », l'art contextuel ajoute une autre dimension : il va revisiter l'approche sensible. Le toucher peut être privilégié. Ainsi, des *Bichos* de Lygia Clark, petits objets sans autre raison d'être que celle d'être pris dans la main et malaxés, tout comme les *Poupées* que réalise dans la même veine Marie-Ange Guilleminot. Lors de performances, Valie Export, Barbara Smith, Marina Abramovic… vont jusqu'à offrir leur propre corps à des mains étrangères, Yoko Ono invitant, elle, les spectateurs à découper ses vêtements. Le goût, l'odorat sont

1. André Cadere, *Histoire d'un travail* (1977-1978), Gand, Herbert-Gewad, 1982.

eux aussi sollicités : *eat art*[1] de Daniel Spoerri, cuisine aux recettes élaborées par des artistes dans le cadre du restaurant *Food* de Gordon Matta-Clark... L'ouïe, enfin, à travers les sonorisations publiques de Max Neuhaus, Bruno Guiganti ou Erik Samakh...

Porter atteinte à la politique traditionnelle de la vision que met en place le système de l'art, sans surprise, c'est aussi, pour l'artiste, explorer d'autres voies sensorielles, prélude à une investigation inédite du sensible.

Pareil et autrement

Ouvrir le sens et la portée de l'œuvre d'art, recourir pour ce faire à des gestes réclamant un authentique contact, c'est réévaluer la notion de « société ». C'est vider cette dernière de tout caractère abstrait et, pour l'artiste, se confronter à elle sur le mode du contact. L'artiste contextuel a de la société une conception d'ordre « micropolitique[2] ». Il tourne le dos aux abstractions et préfère les êtres. Il est un corps en présence

1. Le *eat art* naît avec les années 1960, dans l'orbite du Nouveau Réalisme. Son concepteur, Daniel Spoerri, organise des repas où le monde de l'art se retrouve, mis à contribution pour faire la cuisine ou la vaisselle, dans une perspective cénobitique (ainsi de *723 ustensiles de cuisine*, action durant laquelle l'artiste transforme en restaurant la galerie J, à Paris).

2. Sur l'explication de ce concept, lancé par Gilles Deleuze et Félix Guattari (« Micropolitique et segmentarité », in *Mille Plateaux – Capitalisme et schizophrénie 2*, Paris, Minuit, 1980), voir le cat. d'exposition *Micropolitiques*, commissariat de Paul Ardenne et Christine Macel, C.N.A.C. « Magasin », Grenoble, 2000. Repris in Paul Ardenne, *L'Art dans son moment politique*, Bruxelles, La Lettre volée, 2000, p. 265-282.

d'autres corps, toujours soucieux d'une relation en prise directe.

La notion de « société », étymologiquement comprise, sous-tend celle d'association. La société, ce sont les *socii*, les « associés ». Cette notion, assise sur le principe de l'être-ensemble, qui distingue le social (ceux qui s'agrègent) du communautaire (ceux qui se distinguent et font sécession), suppose entre les membres un accord tacite, ou pour le moins un règlement prenant valeur de code de vie publique. Accord résidant autant dans la loi que dans un imaginaire social pétri de mythes fondateurs, de consolidation et de justification idéaliste assimilant la société à un complexe physique mais tout autant « textuel », dirait Pierre Legendre [1]. La société, c'est de la vie, c'est du langage aussi, une langue vivante apprise, parlée, transmise et protégée. L'art est l'une des formes de cette langue que parle le corps social : langage d'adhésion ou d'assujettissement dans les sociétés archaïques ou totalitaires (l'artiste y recycle le « texte » de la société, il souscrit au code symbolique dominant), langage de la régénération ou de la rénovation dans les sociétés révolutionnaires (il y invente ou y met en valeur des signes inédits ou jusqu'alors tenus à l'écart du code).

Le statut de l'artiste contextuel, en tant que membre de la société, est fort complexe, voire équivoque, lorsqu'on l'apprécie dans le cadre social où il opère histori-

1. « Qu'est-ce que l'image d'une société ? C'est l'ensemble des règles et des savoirs repérables institué de discours, qui postule un scénario garant de la causalité auquel est rapporté cet ensemble », in Pierre Legendre, *De la Société comme Texte – Linéaments d'une anthropologie dogmatique*, Paris, Fayard, 2001, p. 31.

quement, la société démocratique. Il est un membre du *démos*, un « associé » à part entière : son action peut viser à resserrer les liens entre les membres du corps social ou à célébrer les valeurs de partage et de respect mutuel, valeurs inhérentes au pacte démocratique. Sa condition revendiquée d'artiste, en revanche, repose sur l'expression d'un refus partiel de la société telle qu'elle est, sur le constat d'une imperfection ou d'une perfectibilité de celle-ci, en conséquence sur le vœu implicite d'une réforme dont l'art peut être l'un des vecteurs efficaces.

Si l'artiste contextuel n'existe pas sans la société, ce en quoi il tourne résolument le dos au mythe romantique de la séparation, il n'y existe, en tant qu'artiste, que pour avoir pressenti, analysé ou éprouvé ce qui en cette société demandait à être amendé ou amélioré. Le « texte » que produit l'art contextuel, en l'occurrence, n'est pas de nature à radier l'état des choses mais plutôt de nature corrective, dans le sens où il intègre ce qu'on a pu appeler en d'autres lieux un « meilleurisme ». L'artiste contextuel incarne à la fois l'association et la dissociation. Les formules qu'il propose à la société se révèlent d'une espèce double et contradictoire : implication, mais aussi critique ; adhésion, mais aussi défi.

On parlerait trop vite, et bien mal, en réduisant le statut de l'artiste contextuel à celui de l'opposant ou du subversif. Plutôt que d'opposition, il s'agit d'une position en porte-à-faux ; plutôt que de subversion, d'une transgression aux fins positives. Le « texte » social, l'artiste contextuel ne le « récrit » évidemment pas dans son entier, il n'est en rien l'équivalent d'un législateur. Il en rectifie quelques phrases, çà et là. Lorsque Mary Kelly décide d'exposer au moyen de registres le détail de la vie matérielle d'une ouvrière anglaise (*Women and Work*,

1975, avec Margaret Harrison et Kay Fido Hunt), elle s'en prend moins à l'existence du travail salarié et à ses impératifs qu'à l'exploitation qui résulte de sa non-limitation, dont profitent le patronat et le capital dans son ensemble. La muraille de bidons que dressent Christo et Jeanne-Claude à Paris, rue Visconti, à la suite de l'édification du mur de Berlin (*Mur de barils de pétrole. Le rideau de fer*, juin 1962), tient de l'engagement critique (s'opposer à la partition autoritaire de Berlin et de l'Allemagne) et de l'affirmation démocratique (cette opposition est possible, voire souhaitable). Une telle proposition n'est pas un acte de guerre au sens où elle aurait les moyens d'inverser ou d'infléchir une situation (comme l'on sait, *Guernica*, de Picasso, n'a pas empêché la guerre d'Espagne). Mais plutôt le signe d'une préoccupation et d'une vigilance doublé d'une mise en relation directe de l'art et de l'histoire présente.

Pour l'artiste contextuel, modifier la vie sociale, contribuer à son amélioration, en démasquer conventions, aspects inaperçus ou refoulés revient à parler *pareil* (comme tout citoyen que concerne la vie publique en milieu démocratique) et *autrement* (en usant de moyens, d'ordre artistique, à même de susciter une attention plus aiguë, plus singulière que celle que permet le langage social). Il s'agit de faire du langage de l'art un langage à la fois intégré, donc capable d'être entendu, et dissonant, c'est-à-dire dont le propos vient mettre en débat l'opinion dominante. Conjoindre ainsi conformité et dissidence s'explique par le désir qu'a l'artiste d'être entendu et de voir son discours évalué, voire adopté. Ce refus de l'autonomie et de ne parler que pour soi-même est militant, au sens où l'artiste entend bien agir de manière concrète, comme en fait foi son recours à une pratique de l'art en étroite connexion avec le réel. Il est aussi esthétique : il génère une esthétique communicative, communication et échange avec la société censés être garantis par la nature symbiotique de l'œuvre. L'œuvre d'art en contexte réel, en effet, ne se présente jamais comme une formule monadique, parlant pour elle-même, ou incompréhensible. Elle n'aura de valeur qu'à condition d'être éclairante. On se souvient de la formule de Maurice Blanchot arguant que l'œuvre d'art « ne peut être comprise qu'obscurément ». Cette formule, renversons-la, pour la circonstance. Débarrassons l'art de sa prédisposition à l'intrigue, aux jeux de miroir et aux simulacres. Sortons du vertige de l'incompréhension fascinante et revenons au sens décliné sans équivoque, sans risque de confusion.

Des formules d'agora

Pour l'artiste contextuel, on l'a compris, il s'agit moins d'imposer des formes stricto sensu, nouvelles ou non, que d'interagir avec le « texte » que constitue toute société, texte par nature inachevé et qui offre toujours matière à discussion dans le cas de la société démocratique – par excellence celle de la négociation, de l'alternative et du contrat social évolutif. Qu'on s'éloigne des œuvres recourant à l'image pour leur préférer les formules gestuelles, d'exploration physique ou de confrontation directe, est dès lors logique. Sacrifier au rite de l'image (ou, plutôt, du passage par l'image), c'est sacrifier le contexte à sa représentation. Toute représentation consacrant, sinon un éloignement, du moins une mise à distance de l'objet représenté. Dans la caverne platonicienne de l'art, l'œuvre d'art, si on l'y installe, émerveillera par sa puissance d'illusion, son potentiel glorieux de simulation. Sortir l'œuvre de la caverne, c'est en modifier la nature, passer de la forme qui recherche ou produit l'effet plastique à une forme qui épouse les faits concrets pour en rendre compte, pour mieux les mettre en perspective ou les soumettre à un examen critique. L'artiste, dans le même mouvement, se définissant comme un être de proximité.

Liée à celle de contexte, la notion de proximité fait de l'artiste un être impliqué. Comme l'écrit l'Américain Dennis Oppenheim en 1969, « il me semble que l'une des fonctions principales de l'engagement artistique est de repousser les limites de ce qui peut être fait et de montrer aux autres que l'art ne consiste pas seulement en la fabrication d'objets à placer dans des galeries ; qu'il peut exister, avec ce qui est situé en dehors de la galerie, un rapport artistique qu'il est précieux d'explorer[1] ». L'exploration de ce rapport artistique, comme on parlerait d'un rapport amoureux, voilà bien l'axe méthodologique principal de l'art contextuel. Une notion telle que celle de déplacement prend dans ce cadre toute sa valeur : 1 – Déplacement physique de l'artiste, tout d'abord. Comme le relève l'historien de l'art Michael Archer à propos du second après-guerre, « ce qui change (...), c'est la relation de l'artiste au système. Plutôt que le déplacement d'objets d'art d'un lieu à un autre, on constate le déplacement d'artistes eux-mêmes qui commencent à voyager plus loin et plus fréquemment. L'échange des idées, les changements de

1. Cité par Christophe Domino, *À ciel ouvert*, Paris, Scala, 1999, p. 48.

lieux deviennent une partie de la réévaluation étendue du contexte à l'intérieur duquel l'art est fait et compris [1] ». Conséquences : la confrontation et le comparatisme, la discussion de la notion d'œuvre et sa translation du périmètre de l'espace protégé (atelier, galerie, musée) à l'espace de la réalité même. 2 – Déplacement de l'activité artistique elle-même. Cessant de se retrancher, l'artiste se projette à présent au cœur du monde et des siens, positionné pour un travail engageant des pratiques d'intersubjectivité, de partage et de création collective [2].

Cette pulsion participative ou « agorétique » de l'artiste commande des engagements ponctuels, politiques ou éthiques, en même temps qu'une attention permanente à l'actualité. Banalisée avec les années 1950-60, tandis que s'imposent des mouvements tels que l'Internationale situationniste, Fluxus ou l'art conceptuel (encore que ce dernier, fasciné par l'analytique de l'art, se constitue très vite en art de musée et d'institution) [3], cette pul-

1. Michael Archer, « Out of the Studio », in cat. d'exposition *Live in Your Head – Concept and Experiment in Britain 1965-75*, Whitechapel Gallery, Londres, février-avril 2000, p. 24.

2. Sur cette notion de déplacement, et sur sa dialectique propre, lire Thierry Davila, *Marcher, créer*, Paris, Éditions du Regard, 2002.

3. Internationale situationniste (1957-1972) : un groupe de réflexion animé par des théoriciens ou des artistes issus du lettrisme ou de Cobra (Debord, Constant, Jorn…), dont le principal combat est le développement « spectacularise » de la société capitaliste. Une de ses pratiques esthétiques favorites est le détournement. Fluxus : mouvement artistique constitué en 1961 par George Maciunas, dont le principe est la mise en équivalence de l'art et de la vie. Sous l'étiquette art conceptuel (Sol LeWitt, auteur en 1965 des *Paragraphes sur l'art conceptuel*, Joseph Kosuth, Douglas Huebler, Mel Bochner, Lawrence Weiner…), on entend les formes d'art que caractérise le primat d'un art réflexif de préoccu-

sion de proximité factuelle entre artiste et public désigne les formules artistiques contextuelles comme des formules d'essence politique, que cette politisation du propos en appelle à l'engagement solidaire, au respect humaniste du prochain ou à des propositions frisant l'insolite.

Pour les uns, il faut que l'artiste « travaille au changement social » (Metzger) ou qu'il « décompose les significations ayant perdu tout ancrage dans la réalité » (Jan Swidzinski). Pour d'autres, il s'agira de militer pour la paix ou pour l'écologie (Nicolàs Uriburu) ou de faire valoir le droit des minorités raciales (Adrian Piper), ceux des femmes (dans la foulée du *Feminist Art Program* de 1971) ou des minorités sexuelles (Felix Gonzalez-Torres), etc. En décembre 1969, Yoko Ono réalise à Londres avec John Lennon *War is Over.* L'affiche, placardée sur Shaftsbury Avenue et dans onze autres villes du monde, porte en très gros l'inscription *War is Over !*, et en tout petit, au-dessous : *If you want it.* Au même moment, David Medalla propose qu'on utilise les nouveaux satellites de communication pour diffuser le son de dormeurs répartis de part et d'autre du rideau de fer. Deux réalisations nées de la guerre froide, chacune à sa manière corrélée à l'actualité la plus immédiate et invitant à la prise de conscience. Dans chaque cas, c'est la réalité qui donne le *la*, réalité vécue comme une offre d'événements, comme le référentiel dont l'artiste va user à sa guise. De là cette ultime qualité de l'art contextuel : un art du monde trouvé.

pation analytique, pour lequel le rôle de l'artiste est moins de produire des « formes » que de réfléchir aux conditions socio-politiques d'émergence de la « forme » et, par extension, au rôle de l'artiste, à son rapport au pouvoir, aux institutions, etc. L'art conceptuel éclôt simultanément en Europe et aux États-Unis autour de 1960-1965.

II

L'EXPÉRIENCE COMME RÈGLE ARTISTIQUE

Comme l'écrit Richard Martel, un de ses plus ardents défenseurs et de ses meilleurs analystes [1], « l'art contextuel suppos(e) la matérialisation d'une intention d'artiste dans un contexte particulier [2] », ce contexte particulier qui est la réalité. L'« intention d'artiste » (le projet) qui entend se « matérialiser » (l'œuvre d'art), la voilà donc vouée au monde du « dehors », sans lien obligé avec les lieux d'art traditionnels de type galerie ou musée, monde du dehors qu'on pressent illimité, monde tel quel, tout à la fois politique, économique et médiatique.

1. Richard Martel est un des animateurs du Lieu, à Québec, une structure active depuis le dernier quart du XXe siècle et reconnue pour son active promotion des différentes formes d'art direct (expositions, rencontres, débats, sessions d'actions contextuelles, important travail d'édition avec la revue et les publications *Inter*, etc.).

2. Richard Martel, dossier « Vingt ans d'art contextuel », in *Inter*, n° 8, *op. cit.*, p. 36. On renverra le lecteur curieux à ce texte de présentation, où l'auteur analyse notamment les rapports tissés entre le « contextualisme » et le « conceptualisme », d'une nature problématique : « Aux yeux des artistes conceptuels, tout ce qui

Ce vaste terrain à explorer, l'artiste contextuel entend bien l'investir. Ses réalisations ? Elles s'interdisent toute autonomie, refusent de verser dans l'esthétisation démagogique du bon goût. Ainsi que le stipule Jan Swidzinski, dont l'œuvre va privilégier interventions, confrontations directes avec le spectateur et performances participatives, « l'art contextuel s'oppose à ce qu'on exclue l'art de la réalité en tant qu'objet autonome de contemplation esthétique[1] ». Ce destin naturel qu'est l'investissement du réel par l'artiste ne lui est pourtant pas acquis. Si l'art appartient bien au domaine de la réalité, qu'il façonne à sa mesure, celle-ci le déborde de toutes parts. Investir la réalité, c'est, outre devoir explorer un territoire plus vaste que celui de l'art, décider arbitrairement d'y impulser une aventure de la contingence que rien ne commande a priori et dont il n'est pas dit qu'elle sera positive ; c'est bousculer les acquis de la création artistique et sa réception publique sans pouvoir en mesurer d'avance les conséquences. Le physicien Max Planck, avec pénétration, distingue le monde réel, autrement dit cette nature objective qu'on ne connaît pas en son tout (et qu'il est sans doute vain d'espérer connaître un jour absolument), des représentations obtenues par notre expérience,

participe à l'émancipation et à l'existence de l'art pouvait, à un moment donné de son application, se voir octroyer le titre d'"œuvre d'art" (...). Ce que le contextualisme amène de plus, c'est qu'il convient de considérer les limites et les conditions de la pratique artistique dans son application. On ne peut ignorer les conditions qui déterminent l'exercice de la pratique artistique. C'est en ce sens que l'art contextuel est une position analytique qui tient compte de la réalité. »

1. Jan Swidzinski, *L'Art comme art contextuel*, manifeste (1976), publié in *Inter*, n° 8, *op. cit.*

ce qu'il appelle le monde « phénoménologique [1] ». Cette approche phénoménologique du monde peut qualifier la démarche artistique contextuelle, par nature incertaine. Par sa façon de surgir, ses pôles d'intérêt et son cadre inusité d'expansion, l'art contextuel a de quoi surprendre le public. Gageons qu'il est aussi de nature à surprendre l'artiste lui-même. Investir au mieux le monde réel avec les moyens qui sont ceux du monde phénoménologique ? L'artiste contextuel se lance-t-il dans cette entreprise, son immersion dans l'ordre des choses se révèle alors diversement concluante : parfois agrégative, polémique, parfois décevante. Dans tous les cas, cependant, il est un point de passage obligé qui ne saurait être contourné : celui de l'expérience concrète.

Expérimenter

La première raison d'être de l'art contextuel relève d'un désir social : intensifier la présence de l'artiste à la réalité collective. De multiples façons – se l'approprier, l'esthétiser, la politiser… –, mais toujours dans une perspective d'implication. L'idée force : le monde existe pour que l'artiste y apparaisse en direct, sans intermédiaire, tandis que son œuvre est l'occasion d'un commerce frontal avec le champ de la réalité. L'« expérience » est le vécu de ce commerce. Elle naît d'un constat simple : on ne peut aborder le réel puis agir sur celui-ci en toute connaissance de cause.

1. Max Planck, *Autobiographie scientifique et derniers écrits*, Paris, Albin Michel, 1960, p. 145.

Fred Forest, *150 cm² de papier journal*, 12 janvier 1972. À la page « Arts » du quotidien français *Le Monde*, l'artiste, féru de sociologie et de communication sociale, présente un simple rectangle vide de 150 cm². Unique mention, « Fred Forest », dans le bord inférieur droit, telle une signature. Sous ce rectangle, l'artiste a ajouté un texte en choisissant les mêmes caractères et le même corps que ceux du journal :

> « SPACE-MEDIA – Ceci est une expérience. Une tentative de communication. Cette surface blanche vous est offerte par le peintre FRED FOREST. Emparez-vous-en. Par l'écriture ou par le dessin. Exprimez-vous ! La page entière de ce journal deviendra une œuvre. La vôtre. Vous pourrez, si vous voulez, l'encadrer. Mais FRED FOREST vous invite à la lui adresser (4, résidence Acacias, L'Hay-les-Roses 94). Il l'utilisera pour concevoir une “œuvre d'art média” dans le cadre d'une manifestation de peinture qui doit se tenir prochainement au Grand Palais. »

Insolite pour qui n'est pas familier de « l'art sociologique [1] », cette proposition relève de plusieurs registres, recoupés. Au registre interventionniste, tout d'abord :

1. Développé en France sous cette dénomination entre 1970 et 1974, trouvant des prolongements dans l'esthétique dite « de la communication » des années 1980, l'art sociologique « se veut une pratique qui utilise certaines méthodes de la sociologie pour interroger de façon critique les liens entre l'art et la société, pour manifester l'importance du contexte socio-économique de l'art et perturber les modes de communication et de diffusion… » (Jeanne Lambert-Cabrejo, in *Groupes, mouvements, tendances de l'art contemporain depuis 1945*, Paris, Éditions de l'École nationale supérieure des beaux-arts, Ensba, 2001, p. 54). Parmi ses fondateurs, Hervé Fischer, Fred Forest et Jean-Paul Thénot.

l'artiste se sert d'un médium qui n'est pas d'ordinaire le sien pour se mettre en relation directe avec un public, ici le lectorat d'un journal national du soir. Au registre relationnel, ensuite : Forest appelle le lecteur à participer, voire à s'introniser lui-même artiste (« La page entière de ce journal deviendra une œuvre. La vôtre. »). Au registre esthétique : le rectangle vide vient contrarier (par sa forme) le contenu courant et codifié du journal. Au registre politique : *150 cm² de papier journal* laisse entendre que le lecteur lambda du *Monde*, cet anonyme détenteur d'une énergie potentielle mais bridée, ne s'exprime pas comme il le devrait (« Exprimez-vous ! »). On ajoutera, pour clore la liste de ces divers registres, celui de l'« expérience », terme qu'utilise d'ailleurs Fred Forest et qui lui sert d'élément d'annonce et de sollicitation (« Ceci est une expérience. »). L'artiste ne peut en effet savoir quels seront l'impact et les suites de son opération : enthousiasme et participation pour certains lecteurs, indifférence ou position critique pour d'autres ? En substance, le positionnement « expérimental » que revendique Forest se trouve confirmé par la dimension aléatoire de son entreprise, sans doute profilée pour l'efficacité (recours à un support médiatique d'envergure) mais sans qu'il la sache d'avance vouée au succès ou, à l'inverse, au fiasco.

L' « expérience » – à l'origine, l'*experientia* latine – dérive du terme *experiri*, « faire l'essai de », un essai accompli de manière volontaire et dans une perspective exploratoire, visant à « un élargissement ou un enrichissement de la connaissance, du savoir, des aptitudes ». Parce qu'elle est une épreuve, l'expérience est de nature à dynamiser la création. Y recourir permet de se colleter à des phénomènes inédits que l'artiste provoque et brusque, espérant de leur développement un surcroît d'expression, une meilleure compréhension du monde et une possibilité de bien mieux l'habiter. L'expérience, en cela, n'est pas sans postuler que la réalité, somme de faits, de manières d'être et de représentations, est moins un espace connu en tous points qu'un ensemble complexe et partiellement inexploré : ensemble à éprouver, à parcourir, à visiter et à revisiter, en se confrontant de manière répétée à un contexte en apparence connu, mais en apparence seulement. Toute position dans un contexte donné relève d'un acquis et c'est cet acquis, cette pétrification de la position tenue que l'expérience qui fonde l'art contextuel veut bousculer, requalifier, en imposant de se confronter à un devenir qui est par nature encore non affronté. Toute expérience tient de la provocation. Et vient provoquer ce qu'a sédimenté l'ordre établi. Elle perturbe ce que l'ordre des choses commande, par tradition, paresse ou stratégie, de ne pas bousculer.

Activer, plus qu'inventer

Expérimentateur dans l'âme, l'artiste agissant en contexte réel n'a pas d'emblée le souci impérieux d'inventer. *Lady Rosa of Luxembourg*, Luxembourg-ville, printemps 2001 : signée de l'artiste croate Sanja Ivekovic, cette réalisation se présente comme une copie grandeur nature de la *Gëlle Fra* (« la femme en or »), monument local dédié aux morts des deux guerres mondiales et symbole éminent de la nation luxembourgeoise. La copie d'Ivekovic, qui fait face quelques semaines durant à l'original, avec l'aval des autorités[1], arbore cette unique différence : elle montre une Gëlle Fra non plus sous les traits d'une Victoire ordinaire (ce qu'est la Gëlle Fra originelle), mais de cette même Victoire enceinte[2]. Son sens ? Il est à l'évidence ouvert et dirigé, ne serait-ce que par le titre donné par l'artiste à l'œuvre : référence à la révolutionnaire allemande Rosa Luxemburg et appel implicite à l'émancipation féminine. Pour le reste, au mieux, un faisceau d'allusions : rappel de l'engagement des femmes dans les guerres, métaphore du monde qui se reproduit à travers et grâce à la femme, triomphe de la vie sur la guerre meurtrière, etc. Déclenchant un véritable tollé orchestré notamment par les nationalistes du cru et diverses organisations issues de la Résistance (« La Gëlle Fra : n'y touchez pas ! »), à l'origine aussi de rassemblements de soutien, *Lady Rosa of Luxembourg* va obtenir, six semaines durant, une intense couverture médiatique et susciter notamment plus de six cents articles de presse[3].

Avec *Lady Rosa...*, Sanja Ivekovic ne crée pas ex nihilo. Bien au contraire ; elle se réapproprie un sym-

1. L'occasion en est donnée par l'invitation faite à l'artiste de participer à une exposition au musée d'Histoire de la ville de Luxembourg, dont le thème est le Luxembourg et ses habitants.

2. Je dois à Enrico Lunghi, directeur du « Casino » – Forum d'art contemporain de Luxembourg, qui a soutenu cette réalisation artistique, quelques-unes des informations et des réflexions qui suivent.

3. L'artiste (par provocation ?) léguera la statue au musée d'Histoire de Luxembourg, ce qui ne signifie évidemment pas qu'elle y sera exposée un jour...

bole pour en reformuler le sens. Si le détournement formel est mesuré (la statue originelle est à peine transformée, l'artiste se limitant à doter la sculpture d'un ventre gonflé), il a un effet démesuré, sans rapport avec l'œuvre : activation sans pareille de passions qui vont s'exprimer dans le Grand-Duché de manière durable, conflictuelle, mais aussi constructive – à travers l'évocation de la Gëlle Fra, c'est plus généralement la condition de la femme, historique et contemporaine, qui est bientôt placée sur la sellette, et rediscutée. Notons que l'intérêt suscité par cette sculpture dans les médias – effet recherché par Ivekovic ? – dénote cette propension à l'intervention, spécifique de l'art contextuel. Mais ici, plus qu'aux acteurs institutionnels de l'art, c'est à la population, à l'opinion publique qu'on s'adresse. On se consacre moins à l'histoire de l'art qu'à l'histoire tout court, à l'« histoire immédiate » surtout, dont on ne sait à l'avance si elle demeurera mémorable.

Une telle œuvre montre en tout cas que les formules artistiques les plus radicales ne sont pas nécessairement les plus efficaces. Si *Lady Rosa of Luxembourg* sait mobiliser les consciences et exciter les esprits, c'est d'abord parce que sa facture est familière (la sculpture) et qu'elle agit dans un environnement connu du spectateur (le monument local, qu'elle transforme), ensemble en l'occurrence sédimenté de la réalité et fragment repéré du « monde trouvé ». C'est aussi parce qu'elle suggère, contre l'évidence, l'usage ou l'habitude, la possibilité de re-figurer ce dernier. En termes d'art contextuel, l'expérience se constitue dans l'immédiateté et le local. Exigeant de l'artiste qu'il prenne pied dans l'espace et dans le temps locaux, elle commande parallèlement des pratiques telles que l'observation, l'arpentage ou la ponction. L'art se fait pratique active parce que réactive. Il rappelle formellement le modèle économique du « flux tendu » (où l'on raccourcit le plus possible le temps entre production et consommation), tandis que l'artiste s'applique à s'adapter au milieu à toutes fins d'en extraire un propos ou une prise de position divergents et inédits. Dans le cas qui nous préoccupe, sens et portée de l'œuvre dépendent donc moins de la forme finale (le travail du maçon en vue de la maison, pour reprendre une catégorisation aristotélicienne) que du travail de l'art qui s'accomplit en soi et en son temps propre (dans le cas de *Lady Rosa…*, la substitution d'une statue par une autre et ce que cette substitution engendre au jour le jour comme débats, points de vue – pour ou contre). Plus précisément exprimé : le sens comme la portée de l'œuvre dépendent du « complexe » que sa mise en forme et sa présence vont éveiller, ici le nationalisme, le rapport à sa symbolique patriotique, le militarisme ou au contraire le pacifisme. Présenter l'œuvre n'est pas offrir au public un objet mort. Un tel geste équivaut plutôt à enclencher, et à actionner, un mécanisme symbolique dont les deux carburants seraient le *moment*, d'une part, le *lieu*, d'autre part.

Processus

Si besoin était, cet exemple montre assez que l'art contextuel a partie liée avec le temps de la confrontation immédiate et non renouvelable, temps de la sollicitation, de l'action et non de la contemplation. Il s'agit bien, en substance, de souligner cette caractéristique propre à l'art dit « en contexte réel » : sa nature « processuelle ». Plus que des formes, ou autant que des formes, sont proposés au spectateur des événements, une expérimentation in vivo de l'étant donné. André Cadere, à propos des *Bâtons* qu'il promène avec lui, exposés au hasard de ses pérégrinations, déclare :

> « De ce travail, on peut essentiellement dire que je le produis et que je le montre, ceci étant le complément de cela, le tout constituant une activité quotidienne et insaisissable. Par sa quotidienneté même, cette activité ne peut être relatée [1]. »

Forgé au XXe siècle dans la foulée de Kurt Schwitters (les chantiers *Merz* de l'artiste de Hanovre) et de James Joyce (à travers le concept, chez ce dernier, de *Work in progress*, le « travail en cours d'élaboration » prenant dans ce cas valeur d'œuvre à part entière), le terme de *Process Art* désigne des types d'art valant d'abord ou uniquement par leur exécution, qu'il s'agisse de représentations théâtralisées, de happenings ou de performances. Dans le cas du *Process Art*, l'action artistique importe au moins autant que le résultat obtenu. Investir la réalité revient alors à y activer un « processus », quel qu'il soit, et à se couler dans une temporalité spécifique du monde concret, en se confrontant à son rythme tout autant qu'en s'y conformant. Par morphologie, l'art contextuel est un art de l'événement considérant le « monde comme événement », pour citer John Latham (« The-World-as-Event [2] »). Événement en soi, en tant que formule qui surgit. Mais aussi événement particulier dans

1. André Cadere, *Histoire d'un travail*, *op. cit.*, p. 12.
2. Sur ce point, John Latham, *Event Structure – Approach to a Basic Contradiction*, *op. cit.*, Calgary, Scartissue, 1981.

l'événement global que représente la réalité dans son ensemble, ici prise à partie. Ce dont atteste par exemple l'œuvre en forme d'intervention de Gillian Wearing intitulée *Indications de ce que vous voulez leur dire et non pas indications de ce que n'importe qui d'autre peut vous dire* (1992-1993) : dans la rue, cette artiste anglaise demande à des passants ce qu'ils souhaiteraient exprimer dans l'immédiat, sans effet d'annonce ni réflexion préalable. Pour ce faire, elle leur tend un marker et un bristol sur lequel ils écrivent ce qu'ils souhaitent. Simple déclinaison instantanée – un événement.

Cet investissement « processuel » de l'artiste rend l'acte artistique contextuel difficilement maîtrisable. De multiples paramètres entrent en jeu, propres à l'artiste (engagement et présence, choix ou rejet éventuels, agrégation ou répulsion, réussite ou échec, renoncement ou reprise, etc.), mais aussi extérieurs à lui, notamment tout ce qui relève de la réception de l'œuvre. Le philosophe Gaston Bachelard parle de « dynamologie du contre » pour signifier que l'exécution d'une œuvre d'art doit toujours à un faisceau de résistances : celle du matériau, celle qui naît de conditions matérielles ou psychiques défavorables à l'artiste, ou de conditions de réception hostiles... Dans le cas de l'art contextuel, on gagera que cette « dynamologie du contre » est à son comble. Si s'exerce bien, mécaniquement, une dynamologie du « pour » – ce « pour-l'œuvre » qui résulte de la volonté qu'a l'artiste de produire vaille que vaille, quoi qu'il en soit de l'opposition rencontrée, du négatif inhibiteur s'exerçant contre le positif créateur –, il n'en reste pas moins qu'on ne peut tenir pour nulles et sans effet décisif les circonstances qu'impose à l'œuvre le complexe spatio-temporel dans lequel elle se déploie. Étant entendu que le principe même du *process* implique que la dynamique du dehors rejaillisse instantanément sur le caractère de l'œuvre, et ce d'une manière irréversible. Une œuvre classique, réalisée en atelier, peut se corriger. Une œuvre produite « en contexte réel » dépend au contraire de la réalité, la forme en est déterminée par les aléas qui sont ceux du monde réel en mouvement, monde où « l'accidentel », pour citer Paul Klee, tend à prendre rang d'« essence [1] ». Cosey Fanni Tutti, artiste ayant appartenu dans les années 1960-70 au groupe féministe COUM Transmissions, exprime bien cette idée dans un commentaire de sa propre « manière » :

> « Mon travail a toujours eu pour objet la communication des expériences vitales, la question "Pourquoi et comment faisons-nous les choses ?", la tendance que nous avons de nous soumettre aux notions conventionnelles et pré-établies (...). Je ne me rappelle pas avoir décidé d'être une artiste *performer*. J'ai été prise dans une spirale d'expérimentations, d'explorations et d'exorcismes qui m'a naturellement conduite à présenter des actions improvisées uniquement guidées par des réponses non préméditées à la situation dans laquelle je me trouvais [2]. »

La nature « processuelle » de l'art contextuel vient contredire le primat de l'œuvre d'art objet symbolique. Elle met à mal la conception de l'art comme

1. Paul Klee, *Théorie de l'art moderne*, publ. fr. Paris, Denoël-Gonthier, 1982.

2. COUM Transmissions : Genesis P-Orridge et Cosey Fanni Tutti. Un collectif actif entre 1968 et 1979 (cinq films, cent quarante-cinq actions dans huit pays différents). Citation extraite de *Live in Your Head – Concept and Experiment in Britain 1965-75*, *op. cit.*, p. 65.

inscription d'une forme dans la durée. En cela, elle n'est pas sans convier à une révision de quelques-unes de nos appréciations héritées de la tradition poétique autant qu'esthétique, à commencer par la question de l'œuvre comme objet ou forme finie. De l'artiste, en premier lieu, elle réclame l'adhésion à ce que Paul Klee, qui en fit le principe de sa création graphique, appelait la « marche à la forme[1] ». La contingence d'occasion devient première, elle importe plus que celle de la destination, créer équivalant à s'occuper de faire, et non d'abord à avoir fait[2]. Elle suggère aussi, en filigrane, la fécondité de l'expérience, renouant au passage, et plus que jamais, avec la signification première du mot expérience : « l'essai que l'on fait ». Quant à l'esthéticien, qui se tient à l'autre extrémité de la chaîne, elle requiert de lui une remise en question de ses critères académiques. Cette fois, l'œuvre comme objet fini s'efface devant l'œuvre-en-cours, appréhendée comme une situation. L'œuvre authentique, en vérité, c'est l'« œuvré » et son temps réel, non l'éternité possible de son exposition, mais bien le moment de son élaboration, ainsi que l'écrit Stephen Wright, qui relève la nécessaire prise en compte de ce

1. De cette « marche à la forme », l'imprévisible est l'aspect le plus notable : « à mesure que l'ouvrage s'étoffe, relève Paul Klee, il arrive facilement qu'une association d'idées s'y greffe, s'apprêtant à jouer les démons ». Sur l'analyse du mécanisme de la création chez Klee, voir Bertrand Gervais, « Le versant de la création – Réflexions sur l'acte créatif de Hegel à Ehrenzweig », *L'Écrit-Voir*, 1985-1986, n° 7, p. 61.

2. Sur les contingences d'occasion, d'exécution et de destination, et leurs relations réciproques, Claude Lévi-Strauss, *La Pensée sauvage*, Paris, Plon, 1962, p. 33-34.

« dés-œuvrement » pour qualifier l'évolution de l'art : « Toujours pensée comme porteuse de valeur ou comme valeur incarnée, la notion d'œuvre se révèle aujourd'hui (...) singulièrement inadaptée pour penser la production artistique la plus contemporaine, de plus en plus tournée vers des processus ouverts [1] ».

Étude de cas, Simon Starling

Un processus ouvert, par définition, c'est un défi au programme, au prévisible et, en tant que tel, un facteur d'enrichissement ou d'élargissement de la réalité. Un art « processuel », par extension, est une création qui féconde l'instant autant qu'elle est fécondée par lui sur fond d'accidents et d'inattendu, cet imprévisible, écrit encore Stephen Wright, qui « désigne le moment où par l'action *on produit de l'être* ». Il s'agit donc bien d'abandonner la vision hiérarchisante de l'art héritée de la Renaissance, en particulier le primat donné non à la confection mais à l'œuvre achevée, vision « où le processus se voit déprécié au bénéfice de l'œuvre aboutie », alors qu'il conviendrait plutôt de rendre justice à l'« activité » [2].

Cette « activité » propre à l'art contextuel, et qu'animent les principes d'événementialité et d'expérience, il arrive que certains artistes la prennent au pied de la lettre. L'œuvre se voit alors soumise à un processus dont la réalité est l'arbitre absolu. Le cas de Simon

1. Stephen Wright, « Le dés-œuvrement de l'art », in *Mouvements*, n° 17, sept.-oct. 2001, p. 9.

2. Stephen Wright, « Le dés-œuvrement de l'art », *op. cit.*, p. 9.

Starling fournira un exemple significatif (évidemment non isolé) pour illustrer notre propos [1]. Chez cet artiste hors norme, la création se caractérise de prime abord par l'insolite : transformation et re-fabrication d'objets, jeu avec les références, déplacements géographiques, correspondances culturelles. Mais aussi, par ses effets de rebond et d'accumulation. Ainsi, le 6 avril 1995, Starling trouve dans les parcs du Bauhaus, à Dessau (Allemagne), une boîte de bière. Il en réalise neuf répliques en utilisant l'aluminium d'une chaise dessinée par le styliste Jorge Pensi, qu'a inspiré le style Bauhaus, puis il les expose telles quelles. En 1997, il réalise *Blue Boat Black* : deux dorades, deux rougets, une brème de mer, un pageot et trois poissons de roche que l'artiste a péchés en Méditerranée dans une barque qu'il a construite avec le bois provenant d'une cimaise du National Museum of Scotland, à Edimbourg, sont cuits en utilisant le charbon issu de l'incinération du bateau, puis mangés lors d'un vernissage…

Ces happenings à rebonds ne relèvent en aucune manière du hasard. Démonstration avec *Rescued Rhododendrons* (2000), autre œuvre contextuelle de Simon Starling. Dans un parc naturel situé en Écosse, l'artiste déplante sept rhododendrons, considérés localement comme une végétation exotique. Il les transporte avec soin dans sa Volvo break jusqu'au sud de l'Espagne, où il les remet en terre. Il faut savoir que le rhododendron a été introduit en Angleterre en 1763 par un botaniste suédois, élève de Linné, Claes Alstroemer, à partir de plants trouvés en Espagne méri-

1. Simon Starling est né au Royaume-Uni en 1967.

dionale… Starling, avec *Rescued Rhododendrons*, remet les choses à leur place originelle (en utilisant, non sans malice, comme moyen de transport un véhicule suédois !). Son acte revêt une dimension écologique, mais aussi critique, qui n'est pas sans faire allusion aux transformations parfois aberrantes que l'homme impose à l'ordre naturel. Une autre démonstration de cohérence « cachée » nous est fournie par *Burn-Time* (2000). En novembre 2000, lors d'un vernissage, l'artiste cuit des œufs dans la réplique d'un coquetier dessiné dans les années 1930 par le designer Wilhelm Wagenfeld. Ces œufs ont été pondus quelques jours plus tôt dans un poulailler installé par Starling à Stronchullin Farm, en Écosse. Ce poulailler, Starling l'a construit à partir des plans du Wilhelm Wagenfeld Museum de Brème, en Allemagne, un bâtiment ayant servi d'abord de prison, puis de centre de détention pour immigrés clandestins, et dont le destin funeste, avant sa transformation en musée dédié à Wagenfeld, gloire locale, fut d'être incendié et bombardé d'œufs pourris lors d'émeutes politiques locales… A contrario de l'inventaire à la Prévert ou de l'esthétique marabout-bout de ficelle, les syllogismes plastiques de Simon Starling, en apparence absurdes, se révèlent fort élaborés. Leur moteur interne ? La « concaténation » (du latin *catena*, la chaîne), c'est-à-dire l'exploitation d'un enchaînement de faits confluents qui ne doit rien au hasard, dont le résultat est de rétablir dans ses droits, de manière surprenante mais néanmoins dialectique, une logique passée inaperçue.

Les caractéristiques essentielles de l'œuvre de Simon Starling ? Un principe de circonstance, d'abord. Chaque réalisation doit à la singularité d'une situation de départ et s'échafaude à partir d'elle. Le coquetier de Wagenfeld est entrevu par Starling lors d'un séminaire au Camden Art Centre de Londres, où il est invité : l'un des intervenants l'utilise alors pour une démonstration théorique. Le bois du chêne abattu de la villa Credner, maison de Leipzig dans le style Arts and Crafts où l'artiste est convié à exposer, lui sert à réaliser une copie de la *Swann Chair* de C. F. A. Woysey, éminent représentant, justement, du style Arts and Crafts ; l'objet que réalise Starling apparaît comme un hommage légitime, in situ, à un style de décoration que lui-même vient ré-enrichir à plus d'un siècle de distance. Cette attention portée à la contingence fait de l'art une pratique non prédéterminée, voire aventureuse. Seconde caractéristique : l'expérimentation, l'idée qu'il s'agit d'éprouver quelque chose. Expérimentation engageant des actes non bornés a priori, réclamant de l'artiste un authentique investissement. Pour être accomplie pleinement, une réalisation telle que *Jardin suspendu* (1999), vaste méditation à épisodes sur la colonisation culturelle et les voyages de découverte, requiert que l'artiste quitte l'Europe, son lieu ordinaire de résidence, pour l'Amérique latine, où il lui faut aller chercher divers matériaux, puis qu'il se rende en Australie, où il expose. Souvent largement déployées dans l'espace comme dans le temps, devenues en quelque sorte des artefacts « géographiques » autant que « chronologiques » (à l'instar des œuvres « marchées » de Richard Long, Stanley Brouwn, Hamish Fulton ou Stalker, dans un autre registre, qui tirent leur substance d'un déplacement physique dans l'espace qui est aussi un déplacement dans le temps, mais un temps que l'on occupe en flânant, qu'on cherche à vivre et non à abolir), les réalisations de Starling acquièrent tout à la fois le statut d'épreuves, d'événements et, par extension, d'histoires. Décrire une œuvre de Simon Starling, c'est, outre faire état d'exercices singuliers et souvent délicats, retracer une histoire où l'artiste circule tel un personnage dans un roman d'aventures, projeté d'une péripétie à une autre ; c'est un peu comme narrer un conte ou quelque récit aux transitions parfois inattendues. De quoi donner crédit à ce propos de l'artiste, souvent répété : « ce sont les détours qui rendent la vie intéressante ». Toute dérive est expérience, et vice versa [1].

1. Une autre caractéristique de l'œuvre de Simon Starling est ce qu'il appelle lui-même le *re-made*. *Work, Made-ready, Kunsthalle Bern*, 1997 : l'artiste, par exemple, transforme un vélo Marin Sausalito au cadre d'aluminium en chaise Eames et, inversement, la chaise en vélo. Le XXe siècle, on le sait, a banalisé le *ready-made*. Avec cette conséquence, notamment : l'objet ordinaire, élevé automatiquement au rang d'œuvre d'art, cesse d'intéresser en tant que tel, seul son pouvoir symbolique de « transformateur » (Lyotard) étant dorénavant pris en considération. Le *re-made*, pour Starling, consiste en la reconstruction totale de l'objet et non plus en sa simple exposition : refaire de A à Z une boîte de bière, un vélo, un fauteuil, une barque, etc. Cette activité pourrait tenir du classique remake, dont le mobile caché, plus que l'amour de l'original et le désir de sa copie, est l'impuissance à innover. Pour Starling, à l'inverse, la re-fabrication ne vise pas à créer une copie, mais bien à faire de la réalisation l'occasion de mettre en avant les qualités esthétiques, techniques et pratiques de l'objet re-fabriqué.

Connexions

Abouter art et vie ordinaire. Expérimenter le réel. Revisiter la culture occidentale, mais pour en jouer surtout, en ayant endossé l'habit de l'amateur éclairé et sagace. Tels sont les mobiles à l'œuvre chez Simon Starling. Récrire l'histoire, aussi, en mettant en présence ou en correspondance objets ou situations liés dans les faits mais de manière encore voilée, ou occultée, parce que non conforme aux mentalités et aux usages taxinomiques en cours. Les concaténations, signature d'une esthétique propre, relèvent d'un désir de jonction. Leur objectif, dit Starling, est d'« imposer une structure aux événements qui ne sont pas forcément reliés [1] », en sachant que l'important, dans ce cas, c'est de rétablir des liens inaperçus, pas d'innover. L'artiste en créateur ? En connecteur, plutôt.

L'exemple de Starling, parmi d'autres du même ordre, renseigne sur une catégorie particulière d'œuvres dont la forme ne doit rien à une recherche libre ou à une inventivité prodigue. Faute de pouvoir s'approprier le réel en bloc, on y procède par à-coups, par impulsions, par carottages, par scénarios ciblés et infusions locales. Cette activité artistique, que caractérise l'éparpillement, fait penser à la pratique du test (on met le monde à l'épreuve) ou à celle du sondage (on se renseigne, on s'informe, faute de détenir de manière

1. In *Blue Boat Black*, cat. d'exposition, Transmission Gallery, Glasgow, 1997. Pour le détail de l'œuvre de Simon Starling et le développement de certains de ses points de vue, voir Paul Ardenne, « Simon Starling, une esthétique des détours », in *Art Press*, n° 273, novembre 2001, p. 46-50.

infuse une vérité). Elle s'assimile par l'esprit à cette « pensée archipélique » chère au poète Édouard Glissant, mode de pensée « consentant à la pratique du détour », inclinant pour le fragment plus que pour la totalité et se représentant la réalité comme un univers en miettes ou fait de morceaux épars. Autre aspect : le renoncement à la pureté plastique. Inutile, sur ce terrain, de pister les notions de beauté, de virtuosité ou de savoir-faire. Elles sont remplacées par la relation, l'adaptation, la connexion, la mise en phase. Le tout au nom d'une approche expérimentale de la réalité dont il est admis qu'elle ne doit connaître aucune exclusive. Uri Tzaig, artiste israélien, que guide un souci, selon ses termes, de « ré-expérience », fait jouer un match de football avec deux ballons, histoire de réinterpréter les règles, ou d'observer comment réagissent des footballeurs dont la technique dépend étroitement d'une pratique codifiée (*Play*, 1997). En 1991, Maurizio Cattelan, de son côté, crée puis fait introduire dans divers tournois italiens une équipe de football – pas n'importe quelle équipe, en l'occurrence :

> « J'ai rassemblé une équipe réelle de football composée de travailleurs sénégalais vivant en Italie. L'"AC Forniture Sud" était impliquée dans les tournois régionaux. Le nom du sponsor écrit sur les maillots de l'équipe était un slogan nazi : *Rauss !* ("Sortez !") [1]. »

L'expérience fera sensation et suscitera des débats qui vont bien au-delà du domaine du sport, relatifs aux questions de l'immigration, de la xénophobie et du

1. Source : document fourni par la galerie Emmanuel Perrotin, Paris.

racisme. Dans des lieux publics, Noritoshi Harakawa fait poser des couples apparemment fort sages. En réalité, sous les vêtements, les corps sont unis par le sexe, ils font l'amour, tandis que l'artiste déjoue les apparences et fausse l'opposition ordinaire entre intimité et espace public. Avec sa *Squeeze Chair* (1997), un fauteuil doté d'un mécanisme de gonflage-dégonflage qui permet à une personne impotente de retrouver des sensations perdues, l'Américaine Wendy Jacob associe à son art une dimension orthopédique, propulsant du même coup sa création dans le périmètre de l'art compris, dit Thierry Davila, comme « officine [1] ». Quant à Jean-Luc Moulène, il expose à plusieurs reprises durant l'année 1999 ses *Objets de grève*, empruntés à différents producteurs sociaux ayant, à l'occasion d'un conflit social, réalisé des objets insolites ou détournés de leur fonction originelle : des billes vendues comme monnaie de solidarité par les travailleurs d'une firme fabriquant des roulements à billes, des cigarettes Gauloises rouges et non bleues fabriquées par les ouvriers de la Seita de Pantin luttant contre la fermeture de leur usine, des billets SNCF estampillés « Classe 0 »… Autant d'artistes qui ont en commun, pour reprendre

1. Sur l'« officine » de l'art ou, en d'autres termes, les liens de la création artistique avec la médication, voir Thierry Davila, « L'officine contemporaine : d'autres homéopathies », in *L'Art médecine*, cat. d'exposition (musée Picasso d'Antibes), Paris, Réunion des musées nationaux, 1999, p. 218 et suivantes. On fera utilement précéder la lecture de ce texte par celle, relative aux attendus historiques de la question, de l'étude de Maurice Fréchuret consignée dans ce même volume, « Art et médecine : de l'iconographie du soin à l'art comme thérapie », p. 11 et suivantes.

les termes de Pascal Nicolas-Le Strat, de « libérer la création de son apparat conclusif, [d']en proposer une autre modulation, à la fois plus intensive et extensive [1] ». Ou encore, comme le disait en 1972 Gustav Metzger, artiste dont la vocation fut d'attaquer sans relâche le système capitaliste (« Objectif : agir sur la conscience sociale du spectateur ; exacerber les tendances radicales existantes ; stimuler une attitude plus critique »), de s'installer « dans la situation avec l'esprit d'un travailleur qui accomplit un job nécessaire [2] ». Sachant qu'il s'agit dans tous les cas de ne jamais se placer à distance du monde, et d'y rester connecté.

L'expérience comme facteur d'expansion

Ce souci d'une connexion impérative avec le monde peut paraître aller de soi. Il n'en est rien. La tradition idéaliste de l'art a longtemps mis celui-ci hors champ. Ce qu'exige le dispositif mental idéaliste, c'est que l'artiste s'adonne aux abstractions, s'abandonne à la vacance de l'imaginaire. Qu'est-ce que la « connexion », par comparaison, sinon *le refus de l'éloi-*

1. Pascal Nicolas-Le Strat, *Une sociologie du travail artistique*, Paris, L'Harmattan, 1998, p. 55.

2. Gustav Metzger, in *Prismavis*, n° 4, *op. cit.* (« En cette période de crise sociale extrême, il est vital d'utiliser toute opportunité pour travailler au changement social (…). Le champ dans lequel nous travaillons [le monde de l'art] possède un grand nombre de ressources pour œuvrer dans ce sens. Le combat visé : une plus grande égalité ; un combat dirigé vers le remplacement de la société capitaliste »).

gnement, le choix opéré par l'artiste d'une présence au monde motivée et agissante ? Plutôt que de s'isoler, l'artiste préfère se rendre à l'agora, à l'usine, dans les meetings, dans les salles de rédaction, à l'infirmerie, partout où il peut trouver matière à entrer en relation avec autrui. Plutôt que de travailler à l'écart, dans cet espace confiné qu'est l'atelier, l'artiste crée in vivo, au cœur des choses. Plutôt que de développer un discours de « restance », pour reprendre l'expression de Michael Fried, à travers des œuvres qui posent problème du point de vue de l'interprétation, et qui ne se livrent pas, l'artiste va préférer des formules lisibles, ou dont l'impact vise un efficace, recherche une co-implication : provocation directe du public, confrontation sans intermédiaire avec l'espace collectif, formules induisant une participation du spectateur... Des formules qui débordent le cadre des sentiments esthétiques standard et de la perception classique de l'œuvre.

La dynamique de la connexion propre à l'artiste œuvrant en contexte réel est fréquemment de l'ordre de la revendication. Elle résulte d'une position moins esthétique que politique. Elle est un engagement au sein duquel l'artiste laisse la part décisive à l'autre, devenu un collaborateur volontaire ou involontaire. On parle parfois d'« autrisme » pour désigner ce principe de collaboration, un terme renvoyant à la sollicitation directe, immédiate et revendiquée de l'autre, en général le spectateur de l'œuvre, qu'on entend faire interagir. Ainsi du Group Material, à New York, dans les années 1970, avec *The People's Choice*, une exposition composée de ce qu'apporte le public, ou de l'artiste français Jean-Baptiste Farkas interpellant ainsi le spectateur, à même le carton annonçant ses expositions : « Viens m'aider à réaliser le contenu de mon exposition[1]. » Duchamp disait que « ce sont les regardeurs qui font les tableaux », ce qui signifiait entre autres que l'œuvre demeure inachevée tant qu'elle n'a pas reçu par le public, outre la sanction de son appropriation, son sens, évidemment relatif. Cette proposition vaut aussi pour cet art « autriste » qu'est l'art contextuel, à cette précision près : le regardeur y est acteur, plus acteur en tout cas que dans le cadre d'un rapport de pure contemplation, où se joue en premier lieu quelque économie spectaculaire. Susciter l'intervention d'autrui n'est pas sans compliquer la réalisation même de l'œuvre, qui cesse d'être l'objet pour ainsi dire privé de l'artiste et devient l'occasion d'un geste aventureux, ou de rencontres, bref, d'une expérience inédite de l'art tendant à en enrichir la méthode.

Cette dynamique expérimentale, constitutive de l'art contextuel, est sans doute la meilleure garantie de sa continuité, pour un moment du moins – tant que la réalité n'aura pas été épuisée. D'une part, elle implique une rupture avec la tradition, les traditions, qui supposent par définition l'acceptation de l'étant donné et la renonciation à le contester. Expérimenter, c'est ajouter du neuf (ce qui est mis au jour), mais aussi du possible (le non-advenu, encore à naître).

1. Concernant le Group Material, voir ci-après, chapitre 3 : Actes de présence, § *Revendication et catalyse*, p. 72. Sur Jean-Baptiste Farkas et la pratique participative qui lui est propre, voir Paul Ardenne, « J.-B. Farkas ou le champ étendu de l'activité artistique », cat. d'exposition, Espace d'art contemporain, Paris, 2002.

D'autre part, elle engendre un effet d'expansion qui explique la croissance non seulement mathématique (toujours plus), mais aussi morphologique (toujours autre), de l'art contextuel, avec ce corollaire : l'incapacité dans laquelle il se trouve de se loger dans des médiums finis ou dans des formes prescrites. Expérimenter, tandis que l'artiste prend à bras le corps la contingence des choses – autant dire l'acte par lequel et grâce auquel l'art même, indéfiniment, se voit relancé.

III

ACTES DE PRÉSENCE

Événementiel par nature, l'art réalisé en contexte réel est d'abord, pour l'artiste, une mise en acte de sa présence. Nombre d'œuvres contextuelles se caractérisent par ce geste élémentaire : l'artiste offre son corps au public, corps qui devient par là même sa signature, son graphe. Premier objectif : faire acte de coprésence, habiter le monde, s'y mouvoir, y opérer sans intermédiaire. Cependant, l'acte de présence, le plus souvent, s'accompagne d'une demande d'implication du public. Qu'il en vienne à occuper la rue, une entreprise, les colonnes d'une revue, quel que soit le lieu ou le support choisi, l'artiste s'engage à travers son geste dans un acte de confrontation ciblé, dans un dialogue avec la collectivité. L'art contextuel bouscule donc la relation traditionnelle entre art et public. Il reconfigure la destination de l'art, qui dépasse ainsi le champ de la seule contemplation, et requalifie la notion d'« art public ».

Être là (soi, signe et signature)

Faire acte de présence ? Certains artistes se contentent de cet impératif, qui vaudra aussi comme méthode. Quelques exemples. Keith Arnatt, *Trouser Word Piece*, 1972 : l'artiste s'immobilise en divers lieux de Londres, avec cette pancarte entre les mains : « I'm A Real Artist. » L'artiste niçois Ben, à la même période, s'auto-expose lui aussi : *Regardez-moi, cela suffit*, tout comme l'Allemand Jochen Gerz, debout dans une rue fréquentée de Dijon, son portrait affiché sur un mur, non loin de lui : *Exposition de Jochen Gerz devant sa reproduction photographique*. Esther Ferrer, elle, s'assoit sur une chaise au milieu d'une chaussée, interdisant la libre circulation des véhicules, une pratique d'obstruction par corps interposé qu'utilisera aussi, un temps, le collectif français UNTEL (1975-1980, Jean-Paul Albinet, Philippe Cazal et Alain Snyers [1]) pour ses actions référencées « Extérieur » : actions *Appréhension du sol urbain*, en 1975, dans une rue de Bordeaux, où les trois acolytes d'UNTEL rampent au milieu des passants, ou encore

1. En 1978, Alain Snyers quitte le groupe et y est remplacé par Wilfrid Rouff. Les interventions d'UNTEL « nous parlent de notre urbanité quotidienne », écrit à chaud Christian Besson : « magasin, enquête, manifestation de rue, vendeur ambulant, touriste, envoi postal… La mise en scène de ces situations, avec le décalage imposé par l'art, sait interroger le réel même à travers toute la diversité des signes qui le constituent aujourd'hui » (C. Besson, *Réponses urbaines*, Maison de la culture de Chalon-sur-Saône, 1978). La meilleure synthèse concernant UNTEL : *UNTEL 1975-1980 // Archives // Œuvres*, documentation d'exposition, La Galerie, Noisy-le-Sec, coordination et direction d'Hélène Chouteau, 2002.

Socle, en 1978, à Chalon-sur-Saône, où ils prennent des poses sur des socles transportables installés dans une rue piétonne. David Medalla, adepte de ce qu'il appelle des *Impromptus*, en fait sa spécialité à partir des années 1960. Pour cet artiste philippin, l'« impromptu » consiste à apparaître çà et là, n'importe où dans le monde, seul ou avec des amis, pour y esquisser un salut, un pas de danse, un ballet bouddhique ou adopter n'importe quelle attitude dont on va prendre une photographie, à fin d'archivage ou en guise de simple souvenir. Giovanni Anselmo, en 1971, « entre dans l'œuvre », selon ses termes, en usant de cette mise en scène élémentaire : *Entrare nell'opera*, photographie en noir et blanc, montre l'artiste italien de dos et en contre-plongée, s'avançant dans un paysage naturel. Immersion dans le réel, qu'investit le corps seul. Aussi élémentaire, quoique moins poétique : un carton en main portant mention de son prénom, Didier Courbot se plante quelque part dans le territoire urbain, puis attend (*Bonjour, je m'appelle Didier*, divers lieux, 1997-1999). La capacité à apparaître, dans tous les cas cités, prend valeur de création. Rien ne la justifie, sinon, pour l'artiste, un désir de présence au monde, désir dans ce cas réalisé d'une façon simple, en jouant seulement de l'ancrage momentané de son propre corps dans un endroit le plus souvent ordinaire, pas forcément recherché.

L'acte de présence a cette première raison d'être, minimale : attester de l'existence de l'artiste. Marinus Boezem, en 1969, inscrit dans le ciel au-dessus d'Amsterdam, en lettres de vapeur tracées au moyen d'un petit avion, son propre nom (*Signing the Sky above the Port of Amsterdam by an Aeroplane*). Dans les années 1970, On Kawara ponctue ses multiples déplacements dans le monde par l'envoi, à différentes personnes appartenant ou non au monde de l'art, de cartes postales portant une mention unique, celle de l'heure à laquelle il s'est levé (*I Got Up At…*, 1968-1979). Le corps existe, il vit, communique, se déplace et s'inscrit, laissant trace de son passage. En 1975, l'artiste anglaise Annabel Nicolson réalise la performance *Sweeping the Sea* : le long de la mer, à moitié nue, elle balaie l'estran comme on balaierait sa cuisine ou son salon. Pas de sens obvie à cette action, sinon, au minimum, celui de manifester une présence. Pour le reste, tout ce que le spectateur perplexe a libre cours d'imaginer : un acte ponctuel de nettoyage, une revendication écologique en faveur de la dépollution maritime, l'action d'une folle… « L'art, disait Robert Filliou, c'est d'abord où tu es et ce que tu fais[1]. » Un même principe d'« action » (le terme a fait florès, en particulier dans le sillage du Body Art) guide un geste aussi insensé que celui qu'accomplit Chris Burden le 5 janvier 1973, en Californie (*747*) : « Vers 8 heures du matin, sur une plage non loin de l'aéroport international de Los Angeles, j'ai tiré plusieurs coups de revolver sur un Boeing 747. » Dieter Roth, *Diary*, 1982 : tandis qu'il se prépare à participer à la biennale de Venise, Roth filme ses moindres faits et gestes, les lieux qu'il visite, les gens qu'il rencontre durant les six mois qui précèdent la manifestation. L'œuvre prend la forme d'une projection simultanée, au moyen de projecteurs super-8, des trente films tirés de cette enquête, qui sont autant de tranches de vie. Avec *Didier Bay 1875-1975* (plus de deux cents pages de textes et de photographies), Didier Bay procède

1. Cité par Richard Martel in R. Martel et al., *Manœuvres – Le Lieu, centre en art actuel*, Québec, Inter, 1990-1991, p. 8.

de la même façon, en multipliant les mentions de sa vie concrète (« Sept heures : je prépare le petit déjeuner, je fais la vaisselle ») : l'image devient indice, « preuve » de tous les moments de la vie réelle. La présence n'a pas à être justifiée, le décret en revient à l'artiste selon son bon plaisir, son apparition engageant un acte d'inscription sans mobile explicite[1].

L'émergence bientôt irrépressible du tag, dans les métropoles américaines (notamment dans East Village, à New York), à l'extrême fin des années 1960, constitue l'une des meilleures preuves qui soient de ce désir d'une affirmation sans justification esthétique préalable. Frank Popper, qui en a été un des témoins directs, le dit très bien :

> « Ce phénomène, qui est toujours à considérer, dans tous les pays du monde, à ses débuts, comme un acte individuel de défi et d'auto-expression, devait bientôt devenir aux États-Unis un moyen de communication clandestine, puis un jeu créatif subtil, enfin une création collective indomptable, d'un fort impact social et esthétique[2]. »

« Bomber » à la peinture, à la hâte, en un geste de conquête et de recouvrement des surfaces urbaines, son pseudonyme, signe de reconnaissance et nom tribal à la fois : qu'il soit de nature narcissique ou qu'il

1. Éléments à glaner au gré de diverses publications, notamment (dans une longue liste) *L'Art au corps : le corps exposé de Man Ray à nos jours*, musées de Marseille, Réunion des musées nationaux, 1996 ; *Hors limites : l'art et la vie 1952-1994*, Paris, Publications du centre Georges Pompidou, 1994, ainsi que Amelia Jones, *Body Art : Performing the Subject*, Minneapolis, The University of Minnesota Press, 1998.

2. Frank Popper, *Réflexions sur l'exil, l'art et l'Europe*, entretiens avec Aline Dallier, Paris, Klincksieck, 1998, p. 99.

émane du désir d'une expression directe et démocratique, ce geste renforce la thèse de l'art comme affaire d'existence, contrairement à celles de l'art comme discours construit ou comme simple offrande de formes plastiques. Dans le cas du tag, l'implication individuelle s'affirme nécessaire, urgente et spectaculaire. Peu importe le niveau de sens. Le tag, au départ, ne veut pas signifier plus qu'un état d'exclusion, en l'occurrence des Noirs et des Portoricains, et réclame un changement. Il s'autojustifie sans complexe par l'énoncé psychologique sous-jacent à sa formulation visuelle débordante d'effet, énoncé aussi invariable que pressant : « 1 – J'existe », « 2 – C'est ici que j'existe. » Le tag, signature en public, signe l'espace public. Par son geste, le tagueur impose à la société l'expression de son nom (son surnom, plutôt, glissement nominatif qui lui permet à la fois d'être reconnu par les siens, de manière tribale, et de ne pas l'être par l'autorité : « Samo ® » pour le premier Basquiat, par exemple). Cette déclinaison identitaire vaut proclamation sociale. Proclamation minimale par la forme, mais maximale par l'effet produit. Si revendication il y a, elle se borne à vouloir faire constater, par le public, l'existence d'une identité [1].

Cette excroissance de la « signature » n'est pas expressément nouvelle, et son origine est sans rapport avec l'art de nature contextuelle. L'histoire de l'art

1. Sur ces points, et en particulier sur l'origine du mouvement (avant sa récupération et ses évolutions plus ou moins institutionnalisées, de toute façon assagies), Martha Cooper et Henry Chalfand, *Subway Art*, Londres, Thames & Hudson, 1984. Également Yvan Tessier, *Art libre dans la ville*, Paris, Herscher, 1991.

abonde en œuvres qui sont d'abord des signatures. Béatrice Fraenkel cite le cas éloquent du calligraphe Eadwin, enlumineur du *Psautier de Canterbury* (XIIe siècle), se représentant à l'ouvrage sur une pleine page du manuscrit et accompagnant son portrait d'une mention qui en dit long sur le substrat de narcissisme propre à l'activité artistique : « Moi, copiste, prince des copistes, dorénavant ni ma gloire ni ma réputation ne connaîtront de déclin [1]. » Sitôt engagé, au bas Moyen Âge, le processus de la personnalisation de l'art, processus qu'accentuent la Renaissance et le vasarisme, s'autoprésenter devient pour l'artiste un acte ordinaire consacrant dans bien des cas sinon l'hégémonie de la signature (Bruce Nauman, *My Last Name Exaggerated Fourteen Times Vertically*, une sculpture de néon, datant de 1967, où l'artiste étire le mot « Nauman » pour le grandir [2]), du moins son importance (Van Gogh devenu « Vincent », Newman ou Miró dans certains de leurs tableaux...). La signature contextuelle, au regard de cette position narcissique, n'est pas exactement inédite. Sa particularité résidera toutefois dans le *raccourcissement* dont elle fait état. La signature, dans ce cas, s'exprime de façon directe, frontale, tandis que se raccourcit la distance entre le corps et l'œuvre. La signature, c'est l'œuvre, et inversement. Elle

1. Béatrice Fraenkel, *La Signature. Genèse d'un signe*, Paris, Gallimard, 1992, p. 106.

2. Ou encore, du même Nauman, en 1968, *My Name as Though It Were Written on the Surface of the Moon*, où le prénom de l'artiste est étiré sur cinq mètres de longueur. On lira avec intérêt l'analyse que fait Jean-Pierre Criqui de ces œuvres in « Pour un Nauman », *Cahiers du Musée national d'art moderne*, n° 62, hiver 1997.

n'apparaît pas pour désigner l'auteur de l'œuvre, en tant qu'élément d'authentification par excellence, telle la signature classique. Elle se donne au contraire à voir en tant que telle, qu'elle prenne la forme d'un nom qu'on applique à même les surfaces urbaines les plus exposées à la vision collective ou, plus directement encore, celle du corps de l'artiste lorsque celui-ci s'expose.

Revendication et catalyse

On s'en doute, l'artiste n'est pas forcément, comme le disait de lui-même André Cadere, un squatter, quelqu'un qui se contente d'occuper les lieux [1]. Son acte de présence s'accompagne le plus souvent d'une revendication. Revendication politique d'une critique de la société libérale et du destin de consommateur dont cette dernière vient résumer, voire insulter la vie : ainsi, le 11 octobre 1963, à Düsseldorf, Gerhard Richter, Konrad Lueg et Sigmar Polke s'exposent comme marchandise à vendre dans un magasin de meubles (*Démonstration pour le réalisme capitaliste*). Revendication politico-sociale, aussi bien, de la nécessaire recomposition du lien entre les êtres. Le Group Material (1979-1996), on l'a dit plus haut, organise à New York une de ses expositions en faisant appel à la population de East 13th Street, demandant à qui le souhaite d'apporter un objet de son choix (*The People's Choice*), quand il ne se joint pas à des associations de lutte contre le racisme (*Atlanta : An Emergency Exhibi-*

1. « André Cadere, Boy With Stick », *Semiotext(e)*, entretien avec Sylvère Lotringer, vol. III, n° 2, 1978, p. 141.

tion) ou le sida (*AIDS Timeline*), ou ne soutient pas de façon active des peuples en lutte armée (*Luchar ! An Exhibition For the People of Central America*). En 1992, à Berlin, Carsten Höller convie qui le veut par voie de presse à venir manifester « pour le futur », de manière évidemment équivoque (faute de savoir ce que sera le futur, on peut toujours débattre publiquement de ce qu'il devrait être).

Revendication féministe, encore, d'une prise en compte des attentes des femmes dans une société toujours prompte à les brider, à aliéner le corps féminin, à contester ses acquis sociaux. L'artiste autrichienne Valie Export, avec *Tapp- und Tastkino* (« Cinéma de palpation et de tâtonnement », 1968), offre sa poitrine aux passants, ses seins nus encadrés par un rideau de théâtre que le spectateur est convié à ouvrir : mise en scène directe du corps féminin et de ce qu'il structure en termes de voyeurisme et de désir, du rapt d'image au fantasme de l'appropriation pure et simple. Barbara Smith, elle, à l'occasion de sa performance *Feed Me* (1973), invite les spectateurs à passer en sa compagnie, dans un espace d'exposition aménagé de manière cosy, un moment d'intimité (manger, parler, respirer de l'encens...). Quant à Marina Abramovic, à Londres, le temps du vernissage d'une de ses expositions, elle échange sa place contre celle d'une prostituée du Red Lake District, et se prostitue à son tour (action *Role Exchange*). Pour faire valoir que le vagin est « beau », *dixit* Annie Sprinkle (en fait, pour désacraliser le sexe et en désinhiber la pratique), cette *porn-body artist* américaine s'expose sur une chaise de gynécologue, la vulve maintenue ouverte devant un spéculum, avant de convier le public au spectacle, etc.

À bon escient, l'artiste noire américaine Adrian Piper, dont « le domaine d'intérêt est la xénophobie et le racisme », utilise pour qualifier plusieurs de ses œuvres le titre générique de « catalyse » (*Catalysis*, années 1970). Ce terme scientifique désigne l'action par laquelle une substance accélère une réaction chimique. Par extension et métaphoriquement, « catalyser », dans une perspective artistique, revient à recourir à cette substance d'un genre particulier qu'est l'œuvre d'art (le plus souvent sous forme d'une action) dans le but de déclencher ou d'intensifier un processus social. Faisant acte de présence, l'artiste n'agit pas seulement pour son propre compte, dans l'espoir d'une autoglorification que l'œuvre serait censée lui assurer. Sa perspective sera plutôt celle de la rencontre polémique, de la cohabitation rendue problématique, avec pour conséquences la discussion et la remise en question. Adrian Piper (série *Mythic Being*, à partir de 1973) se promène dans Union Square, à New York, dans des vêtements maculés de peinture sale : « J'étais là, dit-elle, selon la formule immortelle de Michael Fried, à "activer l'espace autour de moi"[1]. » Dans un bus desservant la 14e Rue, à New York toujours, elle garde une serviette enfoncée dans la bouche, afin d'intriguer les autres voyageurs : recours à une symbolique renvoyant à la condition de la femme et à celle du Noir, dont la parole est fréquemment confisquée. Les gestes que Piper accomplit dans l'espace public sont en général les plus simples qui soient : prendre les

1. Adrian Piper, *Out of Order, Out of Sight*, volume 1 : *Selected Writings in Meta-Art 1968-1982*, Boston, MIT Press, 1995.

poses d'un homme en écartant largement les jambes ou en les croisant très haut ; distribuer à des gens ayant tenu des propos racistes lors de réunions mondaines des cartes de visite où l'artiste avoue de manière discrète mais implacable son trouble et sa déception (« Je déplore la gêne que vous cause ma présence, tout comme je suis sûre que vous déplorez la gêne que me cause le racisme »). Qu'il joue en faveur de la cohésion sociale ou, à l'inverse, mette l'accent sur la division, cet esprit « catalytique » possède des vertus agrégatives. Ce qui se reforme à travers lui, c'est le pacte démocratique, pacte dont l'artiste devient le passeur, et son action, le viatique. À propos de ses C.L.O.M.-Trok, dépôt-vente alimentés par des objets d'une même couleur réalisés avec l'aide d'un large public (années 1990, à Caen, Grenoble, Toulouse…), Joël Hubaut déclarait en 1998 :

> « Je construis des sites monochromes avec des objets donnés ou prêtés par un public souvent extérieur au milieu de l'art. C'est un processus de manœuvre qui se propage avec une population élargie (…). Je réalise ainsi mes pièces entièrement avec l'aide et la complicité de la population[1]. »

Exemple, *La Place rouge à Deauville*, au printemps 1996 : une annonce est publiée dans la presse locale, dans laquelle l'artiste convie tout un chacun à un rendez-vous, avec pour signe de ralliement soit d'être vêtu de rouge, soit d'arriver dans une voiture rouge, soit encore d'apporter un camion de pompiers ou

1. Joël Hubaut, in *La Ligne*, document de présentation, municipalité d'Hérouville-Saint-Clair, S. P., 2000.

des drapeaux rouges… Ce rendez-vous ludique et participatif prend la forme d'un calembour visuel. Mais il est aussi, au sens littéral, une « sculpture sociale », un rassemblement inopiné venant bousculer la vie collective locale, où énergies, désirs et flux d'échanges sont activés.

Repositionnements

Spontanéisme, réactivité, mise en scène d'événements inattendus… L'artiste, ici, n'agit ni ne surgit au jugé, quelque emplacement qu'il décide au demeurant d'occuper. Dan Graham, en 1965, fait publier dans les pages de magazines *people* américains d'insolites séries de chiffres évoquant les facturettes des caisses enregistreuses. Pas un mot, mais une manière indirecte de suggérer le lien entre ce type de presse et l'univers de l'argent (lectorat aisé, valorisation du luxe, publicité…). Entre 1953 et 1955, Armand Vaillancourt sculpte à Montréal un arbre dans la rue. De cette œuvre exécutée sans autorisation, *L'Arbre de la rue Durocher*, l'artiste dit :

> « Pendant plus de deux années où j'ai travaillé à sa réalisation (…), une conversation, un dialogue s'établissait à différents niveaux, à un point tel qu'après avoir parlé à plusieurs milliers de personnes cette sculpture faisait partie de leur quotidien [1]. »

1. Cité par Guy Sioui Durand, *L'Art comme alternative…*, *op. cit.*, chap. 2, « Genèse de l'art parallèle », p. 31 et suivantes.

L'acte de présence, à nouveau, est un acte d'appropriation de l'espace réel, celui de la vie courante. Il fait de ce type d'art, incontestablement, un art public. Est-il besoin de le préciser : cet art public peut virer à la provocation, ou être interprété comme provocateur quand bien même l'artiste n'aurait en vue ou ne mettrait en scène qu'un seul acte de présence. En 1973, à São Paulo, Fred Forest organise un défilé où les manifestants brandissent des pancartes blanches (*Le blanc envahit la ville*). Catherine Millet relève que « la manifestation attira deux mille personnes et [que] son responsable fut interrogé dix heures d'affilée par la police politique [1] ». L'effet produit peut surprendre, sauf si on l'envisage au regard de la situation politique explosive de l'Amérique latine à cette époque, coincée entre les expériences socialistes (Salvador Allende au Chili), les putschs militaires et la traditionnelle pratique impérialiste dite du « gros bâton » que lui imposent alors sans ménagement les États-Unis.

L'art, dira-t-on, est naturellement destiné à un public, qu'il soit exposé en galerie ou au musée. Il convient de rappeler, à ce titre, que l'institution est aussi un espace public, même si son accès et le contrôle de ses activités sont régentés. L'artiste peut néanmoins estimer qu'un tel accès à l'œuvre d'art revêt un caractère trop normatif. L'art public d'intervention naît de cette considération. Bien des artistes, dès le début du XXe siècle, décident de concevoir des réalisations plastiques non pour les espaces d'exposi-

1. Catherine Millet, *L'Art contemporain en France*, Paris, Flammarion, 1987, p. 206.

tion habituels mais d'emblée, comme on l'a dit, pour d'autres lieux : la rue et, plus largement, l'espace urbain, mais aussi l'entreprise, les médias, l'Internet… Ce repositionnement de la création, relevant de l'excentration, est d'essence esthétique. Il est porté par l'idée qu'une autre expérience des espaces est possible, à commencer par cette « expérience émotionnelle de l'espace » décortiquée avec talent par Pierre Kaufmann[1] et qui fait du lieu, plus qu'une synthèse de qualités géographiques, un territoire investi et appréhendé d'abord de manière sensible, valant moins comme milieu physique que comme générateur de sensation. Ce repositionnement est aussi d'essence politique. L'acte de présence de l'artiste, dans ce cas, ne dépend d'aucune directive. Loin de contenir son œuvre ou sa présence à des lieux désignés, ce dernier se pose ou pose son œuvre ailleurs, un ailleurs qui peut à l'occasion se révéler mobile, en circulation. À partir de 1999, l'artiste français Denis Pondruel déplace ainsi en plusieurs endroits d'Europe une voiture singulière « dont la paroi latérale, explique-t-il, a été entaillée pour permettre l'accès à une sorte de chambre creusée à l'intérieur du véhicule (…), cavité assez grande pour contenir un être humain de petite taille » (*Sans titre*, série *Poncifs habitables*). Ce véhicule trafiqué reste une proposition énigmatique pour quiconque s'y trouve confronté et, comme on pouvait s'y attendre, il va susciter la curiosité – en premier lieu celle de la police. Objet singulier, donc. Signe

1. Pierre Kaufmann, *L'Expérience émotionnelle de l'espace*, Paris, Vrin, 1969.

aussi d'une présence publique que l'artiste ne négocie qu'avec lui-même [1].

Même s'il se généralise peu à peu, le repositionnement de l'artiste dans l'espace public ne va pourtant jamais de soi. Autoritaire (c'est l'artiste qui décide du lieu où il installe son œuvre), il se confronte sans délai à une autre autorité, celle de la puissance publique instituée (le pouvoir politique détenteur du contrôle culturel, et seul décisionnaire des lieux où exposer les œuvres d'art). De cette rencontre découlent une inévitable tension et ce constat : les rapports entre l'artiste et le pouvoir politique, déjà délicats en soi, et qui sont tout sauf naturels, ont toutes les chances de devenir impossibles s'il est bien entendu que l'artiste s'arroge le droit de disposer de l'espace public pour y faire ce qu'il veut et en contester l'organisation. On se souvient, à propos, de la formule orgueilleuse de Courbet, « Je suis mon propre gouvernement » – Courbet qui a prouvé à maintes reprises sa capacité à prendre ses distances avec l'autorité politique, voire à la défier. Ce caractère non naturel des relations entre artiste et pouvoir politique peut sans doute s'aplanir, voire se

1. Ce n'est là qu'un exemple parmi beaucoup d'autres, sur lesquels on reviendra d'ailleurs de manière spécifique (chap. 6, « L'œuvre d'art mobile », p. 153). Le recours à la mobilité, par l'artiste, le fait de déplacer l'œuvre à l'envi affolent sans conteste la notion d'espace public, et ce dans le sens d'une dépolarisation. Résultat : il n'y a plus de lieux requis pour l'art, l'art est potentiellement de tous les lieux, la distinction espace privé-espace public se voyant elle-même abolie. De cette évolution font état notamment, vulgarisées à partir des années 1980-90, les expositions « domestiques » (*Pour vivre heureux vivons cachés*, ou encore *Chambres d'amis*, pour les premières du genre).

renverser dans certains cas, en particulier lorsque l'artiste et le pouvoir manifestent sans esprit de calcul des préoccupations communes. Ainsi, à l'issue de la révolution russe d'octobre 1917, de nombreux artistes s'enthousiasmèrent pour le nouveau régime et, fréquemment réunis dans les structures culturelles mises en place par la nouvelle autorité, telles l'IZO ou les Vhutemas, décidèrent de le servir (Maïakovski : « C'était ma révolution »). Cet état de convergence demeure rare. Il l'est encore plus dans le système démocratique, du fait des transformations propres aux sociétés dites « ouvertes », des régimes de vie commune où le pouvoir est partagé et, du coup, sans cesse renégocié. Plus spécifiquement, le désir qu'exprime l'artiste contextuel d'un art alternatif, prompt à contester les normes établies par le pouvoir, rend cette convergence encore plus improbable.

Requalifier l'art public

Excentration de l'artiste contextuel, caractère non naturel des rapports entre art et politique : le décor est planté et la pièce fort délicate à jouer si le contrat stipule de respecter intentions, stratégies et prérogatives des deux parties, l'artiste et l'ordre politique, qui peuvent au gré des circonstances se révéler d'authentiques amis, de faux amis ou d'authentiques ennemis. S'agit-il de placer une œuvre dans l'espace public ? Les enjeux s'avèrent problématiques dès que l'artiste procède sur un registre autre que décoratif ou commémoratif, et s'il se refuse à jouer le rôle d'installateur patenté de statues destinées à embellir squares ou perspectives. L'artiste qui, en milieu urbain, intervient hors des cadres approuvés par l'institution n'attend pas qu'on lui concède quelque lieu public. Il s'en empare car il est d'abord question, comme disent les artistes québécois, qu'il y « manœuvre » *ad libitum*, à sa guise[1]. « La "manœuvre", relève Richard Martel, implique une série d'instants créatifs ouverts », elle a partie liée avec « l'hybridation, l'hétérogène, le bizarre ». Vis-à-vis de l'espace public, elle s'inscrit dans un rapport polémique et contribue à en modifier pour le spectateur tout à la fois « la lecture, l'objectivation, la normalisation[2] ».

L'apparition d'un art d'intervention au début du XXe siècle n'est bien sûr pas le fait du hasard. Cet art procède pour les artistes qui s'y adonnent d'un double sentiment. D'une part, que la création est à l'étroit dans l'atelier, un lieu de moins en moins représentatif d'une création moderne qui veut s'emparer du monde réel, d'une création propice à occuper l'espace dans son entier, sans restriction. C'est l'entrée dans l'ère, comme le dit bien Jean-Marc Poinsot, de l'« atelier sans mur[3] ». D'autre part, l'art des musées est mis en doute, parce que réservé à une élite ou conditionné par des critères esthétiques complexes qui en interdisent l'accès culturel au grand public. D'un point de vue esthétique, l'art d'intervention se caractérise le plus souvent par des propositions élémentaires qui

1. Sur le principe des « manœuvres » et relativement à des exemples concrets, voir Richard Martel et al., *Manœuvres*, *op. cit.*

2. Richard Martel, « Du mouchoir à la bannière », *Manœuvres – Le Lieu, centre en art actuel*, *op. cit.*, p. 4-5.

3. Jean-Marc Poinsot, *L'Atelier sans mur*, Paris, Art-Édition, 1991.

contrastent avec le paysage urbain, s'inscrivent en porte-à-faux : happenings, processions, bannières, installations éphémères, public pris à partie, marquage graphique illicite de type tag..., véritable arsenal de la création spontanéiste divergeant fortement des formes nées de l'atelier classique ou conçues pour l'exposition de musée. Non-pérennité, non-programmation des formes d'art public : leur destin est de l'ordre du surgissement, et leur durée de vie des plus brèves. Activiste, volatil, l'art public non programmé suscite l'acquiescement ou l'ire des pouvoirs publics, qui laissent faire ou interdisent, selon les rapports de forces du moment. Ou encore qui récupèrent à bon compte cet art d'insoumission qui leur permet de faire valoir en place publique leur goût du « subversif[1] ».

Que l'art public non programmé ait assez vite fait l'objet de récupérations officielles, voilà qui en dit long sur l'intérêt qu'il suscite. Pour le pouvoir en place, soutenir, encourager ou financer des opérations d'art public de type interventionniste, c'est faire preuve d'initiative et de tolérance. C'est aussi tirer

1. Cette récupération est effective à partir des années 1970-80, signe du succès des formes d'art interventionnistes. Elle est fréquemment caricaturale, en particulier lorsqu'il est demandé aux artistes d'activer les villes, ceux-ci devenant les meilleurs agents, rarement inconscients, mais dociles le plus souvent, des politiques locales d'animation culturelle. Ce succès du « leurre » n'est pas innocent. Il est le signe d'une nostalgie, celle de la modernité, ce moment où l'art authentique, de toute façon en rupture avec telle ou telle convention, était forcément l'ennemi. Sur ce point, Paul Ardenne, « L'"intervention artistique" et son devenir : une fin de partie ? », in *L'Art dans son moment politique*, Bruxelles, La Lettre volée, 2000, p. 233-247.

profit de l'illusion complaisamment entretenue d'une société prétendument libre, décrispée, en mouvement, ouverte à toutes les formes d'expression, à commencer par celles qui militent contre l'aliénation sociale. Dès les années 1970, des festivals sont organisés, des subventions versées pour que les artistes « activent » les villes. On vernit, en costume parfois, avec petits fours et discours officiels, des opérations d'art urbain dont l'intention affichée est de concourir à la subversion socio-politique… Cette tendance prendra même avec les années 1980 une ampleur inquiétante, quand s'emparent du pouvoir des décideurs culturels ayant grandi dans la pensée de 68 et ses fantasmes de gestion critique et de révolution permanente. Sans souscrire au pessimisme d'un Theodor Adorno, pour qui l'industrie culturelle mise en place par la société libérale est perçue comme un immense récupérateur, il convient d'admettre que l'art public non programmé (ou faussement non programmé) devient peu à peu un lieu commun de la création plastique. Avec pour conséquence que le plus souvent rien de réellement critique, de séditieux ou même de transformateur n'advient. L'art public non programmé rejoint en cela le corso fleuri, les feux d'artifice ou les festivals de théâtre de rue ; en bref, toute la panoplie des procédures d'animation urbaine.

Une telle contribution à l'idéologie du divertissement peut laisser un goût amer. Elle verra toutefois les artistes les plus lucides réagir : intensification des esthétiques furtives (Thomas Hirschhorn exposant la nuit, dans une ville d'Italie, sa voiture en stationnement, le plafonnier de celle-ci allumé ; les lampadaires sonorisés de Tony Oursler, dans les années 1990) ou des messages sans signifiant (les affiches publiques montrant des cieux vides de Felix Gonzalez-Torres, ou la campagne d'affiches de Franck Scurti *The City Is Not a Tree*, au même moment) ; redéfinition de l'espace public de l'art par recours à la création interactive (Jan Kopp et son *Calendrier*, en 1996, où l'artiste pose chaque jour aux visiteurs de son site une question différente) ou à son occupation illicite (Daniele Buetti, en 1993, avec l'opération *A Man in his Job*, organise sur les marchés de Westphalie la vente sauvage d'albums ou de vêtements griffés de son logo personnel) ; enfin, véritables opérations « coup de poing » (le groupe genevois VAN, en 2000, s'invite au vernissage d'ouverture de la Tate Modern de Londres et y organise un référendum qui fait scandale, critique implicite de l'hégémonie de cette institution en matière d'organisation d'expositions [1] ; réagissant à l'agressivité des visuels publicitaires, l'artiste français ZEVS, à la même période, crève puis mitraille de peinture rouge les yeux des mannequins ornant les affiches des grandes firmes mondiales de prêt-à-porter… [2]). Ce qu'il convient de maintenir, pour l'artiste contextuel,

1. Les artistes du groupe VAN, à cette occasion, distribuent aux visiteurs un questionnaire intitulé : *Four, It's Not Enough* (« Quatre, ce n'est pas assez »). Incitant les personnes présentes à réfléchir à la forme que pourrait prendre la cinquième Tate Gallery (après celles de Londres, au nombre de deux, de Saint Ives et de Liverpool), ils dénoncent en même temps la croissance de cette institution.

2. ZEVS, « Zone d'Expérimentation Visuelle et Sonore ». ZEVS, lors de ses interventions, n'hésite pas à prendre des risques : escalade d'échafaudages (pour la destruction d'une affiche monumentale de l'enseigne GAP, à Paris), contact plusieurs fois brutal avec des vigiles, etc.

c'est la possibilité de la libre présence. L'historien de l'art Jürgen Weber parle de la « dépossession » dont les artistes feraient les frais dans le système classique de l'exposition : décontextualisation de l'œuvre, d'une part (de l'atelier au musée), recontextualisation, d'autre part (l'œuvre claquemurée, devenue, une fois muséifiée, un objet de sacralité profane). On parlera dans ce cas, au contraire, d'un mécanisme de « repossession », l'artiste se redonnant la possibilité d'organiser la présentation de son œuvre selon les critères qui sont les siens. Mécanisme, est-il besoin de le préciser, activé de manière permanente. Par définition, l'espace public est un espace disputé, qui met en concurrence divers pouvoirs et autant d'énergies. Un espace toujours en voie de perte, ou de confiscation, qu'on ne saurait donc détenir ou contrôler une fois pour toutes. D'où l'importance du caractère éphémère de l'art contextuel, importance qui dépasse la seule question du style. La durée, en effet, ferait entrer l'art contextuel dans un registre de temps dépassant le contexte. Pérennisé, il ne serait plus passage de l'art dans le temps, mais monumentalisation, pérennisation de la présence – une contradiction dans les termes, on en conviendra.

IV

LA VILLE COMME ESPACE PRATIQUE

L'art en contexte réel se définit comme un art de l'action, de la présence et de l'affirmation immédiates, qui se marient à une réalité concrète, à laquelle l'artiste se « noue » à sa mesure et à sa guise. Entre tous les espaces de la réalité auxquels il a le désir de se « nouer », la ville est l'un de ceux qu'il affectionne particulièrement.

Célébrée par les impressionnistes (Monet, *La Rue Montorgueil pavoisée*), révérée par les futuristes (Boccioni, *La ville qui monte*), la ville née de la révolution industrielle a une forte puissance d'attraction esthétique. À cela, plusieurs raisons. La ville, c'est le lieu d'une activité continue, routinière ou impulsive, que rythme l'extrême concentration des actes humains, activité toujours intense, frénétique, qui trouve sa correspondance dans l'excitation chérie par les modernes. Elle est aussi l'espace public par excellence, lieu de l'échange, de la rencontre : de l'art avec un public, en prise directe ; de l'artiste avec autrui, dans les termes d'une proximité qui peut prendre diverses formes, affective, ou polémique, selon. C'est enfin, pour toutes ces raisons, un chronotope mythologique de l'art moderne. Élément moteur de l'imaginaire moderniste, palimpseste mental conjuguant ordre et chaos, organisation et entropie, bref, propriété naturelle de la culture occidentale, le milieu urbain semble en effet plus que tout autre dévolu à l'art. Qu'elles émanent de la littérature (*Manhattan Transfer*, de John Dos Passos), du cinéma (*Metropolis*, de Fritz Lang, *L'Inhumaine*, de Marcel L'Herbier…), du théâtre (*La Ville*, de Paul Claudel), de la musique (Luigi Russolo, Steve Reich) ou de la poésie (*Les Villes tentaculaires*, d'Émile Verhaeren, *Les Pâques à New York*, de Blaise Cendrars), pour n'en citer que quelques-unes, les différentes formes d'expression artistique qui ont fait la modernité n'auront de cesse de s'y référer, d'en faire un sujet privilégié d'inspiration. À ces représentations renouvelées de la ville, l'art contextuel ajoute un au-delà matériel et prend corps, littéralement, en s'inscrivant dans un rapport incarné. L'affaire est entendue, la ville ne s'illustre pas, mais se vit.

Le déambulatoire urbain

La ville, dans les termes qui nous intéressent ? Un réceptacle nourri d'actes de présence artistique. Le premier de ces actes ? La marche, vecteur de la visite. L'artiste contextuel est un marcheur doublé d'un promeneur impénitent. Qu'il adopte le rythme du flâneur, dont Baudelaire fit l'éloge dans *Le Peintre de la vie moderne*, qu'il force au contraire le chemin, sans ménagement, en déchirant le tissu urbain plus qu'en l'ouvrant, son attitude recèle la même obsession : parcourir l'espace de manière physico-mentale, à des fins d'exploration.

1re Visite, jeudi 14 avril 1921, 15 heures : c'est à ce moment précis, devant l'église Saint-Julien-le-Pauvre de Paris, qu'André Breton et quelques comparses dadaïstes se sont donné rendez-vous. Le mobile de leur venue jusqu'à ce lieu de culte ? La banalité de l'endroit, le choix d'un lieu qui, dans le *topos* urbain, « n'a absolument pas de raison d'exister », dit Breton. D'autres sorties du groupe, prévues aux Buttes-Chaumont, à la gare Saint-Lazare ou au canal de l'Ourcq, n'ont finalement pas lieu et sont remplacées en mai 1924 par un déplacement de Blois à Romorantin, à l'initiative de Breton. Le mobile ? Loin d'un désir de célébration du banal, il s'agit cette fois d'éprouver l'errance de manière expérimentale. Le dadaïsme, on le sait, goûte la provocation, et le surréalisme, qui prend le relais, le fortuit, l'irrationnel et les coïncidences signifiantes. Que l'investissement physique d'un espace concret vienne servir de support à ces diverses expériences n'en renseigne pas moins sur une évidence : le « lieu » de l'art s'est déplacé et, avec lui, le corps de l'artiste, se projetant à présent volontiers dans le maillage du monde. Le corps de l'artiste est devenu un corps arpenteur.

Cette forme marchée de l'art, il va de soi que la modernité ne l'invente pas totalement, même si elle en renouvelle le principe. L'origine, qui se perd dans le temps, serait à chercher du côté des processions religieuses et d'événements tels que les mystères chrétiens, sinon, plus en amont encore, dans les processions accompagnant, en Grèce antique, la naissance de la tragédie ; tous sont caractérisés par un même principe : faire se mouvoir le corps d'officiants dans le cadre d'une action de caractère symbolique[1]. On retrouve la référence explicite à ce substrat ancien dans la procession Dada qui accompagne la présentation au public de la revue *Jedermann sein eigner Fussball* (« À chacun son football »). Le dadaïste allemand Walter Mehring déclare avoir eu l'initiative de cette forme de création ambulatoire, qui fut parmi les premières processions d'artistes dans la ville. L'action se passe au tout début des années 1920, à Berlin. Mehring raconte :

> « Si j'ai bon souvenir, ce furent les deux frères et éditeurs dadaïstes (Herzfelde) qui financèrent l'entreprise grâce à un petit héritage qu'ils avaient reçu. Mais la manière dont nous la vendions dans la rue avait été mon idée. Nous louâmes une carriole de l'espèce qui sert aux sorties de la Pentecôte, et aussi une petite fanfare en queue-de-pie et haut-de-forme, qui jouait d'ordinaire aux enterrements des anciens combattants. Nous autres, les responsables de la rédaction, nous marchions à sa suite d'un pas lent, en portant des paquets de *Jedermann sein eigner Fussball* en guise de

1. De manière plus détaillée, on songera là aux processions médiévales telles que les Lord Mayor's Pageants londoniennes, aux célébrations du Corpus Christi en Espagne, au carnaval dans ses différentes expressions, et à tout ce que le moment moderne apporte de défilés : ceux du 1er Mai en Europe, à Union Square à New York ou dans l'U.R.S.S. des années 1920, sans oublier les manifestations aux fins commerciales : Tournament of Roses Parade à Pasadena, par exemple. Enfin, tout le mouvement du théâtre de rue, et ses dérivés spectaculaires, du Bread and Puppet Theatre aux récentes Gay Prides et autres Love Parades.

couronnes mortuaires (...). Après la danse guerrière cannibale des Kapp-Putsch, plus grotesque que les marionnettes de Sophie Taeuber, après la danse macabre du mouvement militariste Stahlhelm ("Casque d'acier"), avec ses ornements de swastikas qui paraissaient tout droit sortis de l'"héraldique" de Hans Arp, notre procession dadaïste fut accueillie avec une joie tout aussi spontanée que le "On y danse" de la foule parisienne à la Bastille[1]. »

Cet exemple de déambulation urbaine n'est pas sans évoquer la pratique ancienne du défilé iconoclaste : carnavals de l'Ancien Régime, des Enragés partisans de Hébert durant la Révolution française, ou d'esprit agit-prop en Russie soviétique, à la suite de la révolution d'Octobre, notamment ceux mis en scène par le clown Durov. Comme ces derniers, le défilé berlinois revêt un caractère programmé. De manière ostensible, la procession, comme nous l'apprend Mehring, se dirige des quartiers bourgeois de la ville, situés à l'ouest de Berlin, vers les quartiers populaires de l'est où elle se retrouve en territoire ami, en compagnie des populations qui partagent les idéaux communistes ou subversifs qui sont ceux des dadaïstes allemands. Cette donnée programmatique, voilà cependant ce avec quoi l'art marché souhaite bientôt ne plus avoir à composer, ou alors le moins possible. Derrière le programme, c'est un pouvoir qui agit en sous-main, un pouvoir de coordination qui peut viser une manipulation. À propos du décret des commissaires du

1. Pour le détail de cette manifestation, voir Marc Dachy, *Journal du mouvement Dada, 1915-1923*, Genève, Skira, 1989.

peuple soviétique *Sur les monuments de la République*, daté du 12 avril 1918, et dont une partie est consacrée aux célébrations révolutionnaires, Lénine ne déclare-t-il pas que l'art, loin de se distribuer de manière anarchique, doit au contraire embrasser des thèmes « significatifs et importants pour la masse laborieuse », sachant que le peuple « doit être approché d'une manière qui éveille son intérêt [1] » ? Cette tentative de contrôle, ce recours à une expression relevant de l'art public, mais anti-spontanéiste et dotée d'objectifs spécifiques, ce travail de consolidation des rituels communautaires peuvent dans certains cas emporter l'adhésion des artistes (notamment ceux qui œuvrent dans le cadre des Ateliers libres d'art éducatif mis en place à Petrograd, en octobre 1918, par Lunacharsky). Mais de tels positionnements sont vécus le plus clair du temps comme un embrigadement. Ils ont aussi le défaut de réduire à peu de choses la plasticité de l'intervention en milieu urbain, de ne laisser qu'une part minime à l'improvisation. Raison pour laquelle l'artiste contextuel, marquant sa différence avec les formules dirigistes, tend à privilégier les parcours plutôt aléatoires, contournant l'impératif de l'itinéraire balisé. Pour l'artiste, une fois dans la ville, il s'agit qu'il s'y perde, qu'il y « dérive », comme le diront bientôt les situationnistes. Cette volonté de ne pas assujettir, de ne pas contrôler la marche et le déplacement qu'elle permet dans l'espace, implique un principe d'aventure. Elle est aussi l'indica-

1. Cité par Vladimir Tolstoy, « Street Art and the Revolution », in Jan Cohen-Cruz dir., *Radical Street Performance – An International Anthology*, Londres-New York, Routledge, 1998, p. 18.

teur signifiant que le milieu physique dans lequel se meut l'artiste, la ville, a cessé de lui être en tout point naturel. Ce milieu n'est plus celui du résident intégré, familier des lieux où il vit, mais un espace à découvrir, qu'on admet ne pas toujours connaître, dont on n'a pas encore fait le tour, voire qu'on ne sait comment investir. Et qu'y faire exactement ?

Lève-toi et marche !

Cette double disposition à l'aventure et à l'indécision anime nombre de déambulations d'artistes à travers la ville, ou de propositions à déambuler. Conçues au début des années 1960, les *City Pieces* de Yoko Ono font l'effet de gestes banals : pousser un landau, enjamber des flaques d'eau… L'artiste les accomplit au hasard des rues, sans destination géographique précise. Cette célébration de la marche aléatoire, Yoko Ono la radicalise avec *Map Piece*, en 1964, en invitant l'éventuel exécutant à « dessiner une carte pour se perdre ». En 1962, l'artiste néerlandais Stanley Brouwn réalise à Amsterdam, avec le concours de passants, sa série *This Way Brouwn*. Il demande qu'on lui indique sur une feuille de papier l'itinéraire à suivre pour se rendre dans tel ou tel endroit de la ville, itinéraire que le passant choisit au hasard. Après quoi, sur la foi du schéma, l'artiste se rend à l'endroit en question. Comme l'écrit Christel Hollevoet, « *This Way Brouwn* représente l'idée de la ville labyrinthe, le besoin de se situer, tout en suscitant instantanément l'image mentale d'une ville versatile, polymorphe, où l'esprit peut errer librement[1] ». André Cadere, son *Bâton* sur l'épaule, pratique lui aussi volontiers la ville de façon aléatoire. En 1976, à l'occasion d'une exposition à Rome, à la galerie D'Alessandro-Ferranti, il demande aux visiteurs dans quels lieux ils souhaiteraient voir exposée l'une de ses barres de bois coloré, puis s'y rend. Le voici bientôt au Colisée, puis sur la Piazza Barberini, puis à l'Office télégraphique de la ville, un bureau de poste. Les *Following Pieces* (1969) de Vito Acconci traduisent une proximité d'esprit avec les déplacements aléatoires de Brouwn et de Cadere, mais le mode en est plus discret, celui de la filature, cette fois.

Durant ses performances new-yorkaises, Acconci suit diverses personnes dans la rue, consigne leurs moindres faits et gestes, émaille ses parcours de photographies qu'il couche sur un support papier à même d'être exposé. Ce principe de filature régit aussi *Le Détective* (1981) de Sophie Calle, selon un fonctionnement inversé. Cette fois, c'est Calle qui demande à sa mère d'engager un détective pour la suivre. Feignant d'ignorer sa présence, l'artiste va promener l'enquêteur des jours durant en des lieux de Paris évoquant différents moments de son existence intime. Avec *Rape*, en 1969, à Londres, Yoko Ono lance une équipe de télévision aux trousses d'une femme choisie au hasard, qui sera filmée deux jours durant, jusque chez elle. Cette œuvre, en priorité, traite des risques de confiscation de

1. Christel Hollevoet, « Déambulations dans la ville. De la flânerie et la dérive à l'appréhension de l'espace urbain dans Fluxus et l'art conceptuel », *Parachute*, n° 68, automne 1992, p. 24. Nombre de mentions qui suivent sont redevables de cette étude remarquable, à laquelle on renverra le lecteur désireux d'en savoir plus.

la vie privée par des médias devenus envahissants et friands de déballage intime. Sa forme n'en est pas moins un déplacement concret dans l'espace urbain.

Se déplacer dans la ville, tel est donc l'un des nouveaux paris de l'artiste moderne. Il s'agit tantôt de rendre compte d'une possibilité d'égarement géographique, tantôt de l'anonymat du citadin, tantôt de la ville comme matière psychique et réservoir de traces de la vie sociale ou individuelle. Deux grandes tendances, sans surprise, calibrent et déterminent cette esthétique du déplacement physique à finalité artistique. La première, la pérégrination hasardeuse, se sustente de l'idée de la découverte et du mécanisme de l'expédition. C'est l'esprit qui préside aux déplacements urbains accomplis par les artistes du mouvement Fluxus (à partir de 1961), dont l'ambition esthétique est d'abouter art et vie : *Free Flux Tours* (1976), de George Maciunas et de ses acolytes, par exemple, consistant tout bonnement à déambuler dans New York, sans rien y faire d'autre que flâner. Seconde tendance, le déplacement motivé, qui lie la marche en zone urbaine à une nécessité. Réalisée en 1962, et présentée la même année, de manière documentaire, à la galerie Girardon de Paris, *Fluxus Sneak Preview*, de Benjamin Patterson et Robert Filliou, adopte pour principe la rencontre physique et l'échange oral. Après avoir indiqué, sur le carton annonçant leur action, les différents endroits où ils se trouveront dans Paris, et l'heure de leur intervention, Patterson et Filliou se contentent de discuter avec les badauds qu'ils rencontrent, qui ignorent le plus souvent le sens de leur démarche. Le *Formulaire pour un urbanisme nouveau* (1953) du présituationniste Ivan Chtcheglov, promoteur de la « dérive[1] », en appelle, lui, à un rapport actif, inventif et exploratoire à la ville. En émaneront les concepts de « situation construite » et de « psychogéographie[2] » développés dans le cadre de l'Internationale situationniste (1957-1972, dans le sillage de l'Internationale lettriste) par Guy Debord et ses amis, invitation à une appropriation de l'espace urbain tenant de la « pratique » ou, dira-t-on plus tard, de la « manœuvre », mais aussi réponses à la critique qu'ils formulent de la vie quotidienne. Se défiant de l'ennui ou de la répétition, l'approche situationniste de la ville a une prédilection pour la conquête où entrent en jeu l'art de la géographie de terrain autant que l'art de la guerre : « Le mardi 6 mars 1956 à 10 heures G. E. Debord et Gil J. Wolman se retrouvent dans la rue des Jardins-Paul et se dirigent vers le nord en vue d'explorer les possibilités de traverser Paris à cette latitude. Malgré leurs intentions, ils se voient bientôt dériver vers l'est et traverser la section supérieure du 11e arrondissement…[3] », peut-on lire dans le compte rendu d'une « dérive ». Toujours dans le

1. La définition situationniste de la « dérive » : « Mode de comportement expérimental lié aux conditions de la société urbaine : technique du passage hâtif à travers des ambiances variées. Se dit aussi, plus particulièrement, pour désigner la durée d'un exercice continu de cette expérience » (« Définitions », *Internationale situationniste*, n° 1, juin 1958, p. 12).

2. Les définitions de la « situation construite » et de la « psychogéographie » sont données dans le chapitre VI : L'œuvre d'art mobile, p. 155.

3. Cité par Christel Hollevoet, *idem*, p. 23. Citation in extenso dans *On the Passage of a Few People Through a Rather Brief Moment in Time : The Situationnist Internationale 1957-1972*, Boston, Institute of Contemporary Art, 1989, p. 139.

registre du déplacement motivé, les marches radicales, de préférence dans les zones périphériques ou à l'état de friches, qu'organise durant les années 1990 le collectif italien Stalker ont cette caractéristique première : une revendication d'occupation physique. Pour Stalker, dont l'action relève aussi, dans ce cas, de la conquête, de la réappropriation de zones urbaines ayant fini par échapper à l'usager, on avance coûte que coûte, on force à l'occasion barrières ou grilles entravant la libre circulation (série *Franchissements*, 1996-1998, Rome, Miami, Paris...). L'action vise moins le déplacement pur ou hasardeux dans l'espace urbain qu'une reprise en main politique du milieu.

Que le déplacement de l'artiste dans la ville se fasse au hasard ou, au contraire, de manière programmée, le fait de marcher jette, dans un cas comme dans l'autre, les bases d'une esthétique nouvelle. Celle-ci, dit Thierry Davila, est de nature « cinéplastique[1] ». Ce « devenir marche » de l'art, pour s'exprimer à la manière de Gilles Deleuze, renvoie plus généralement à la tendance, propre à l'art de nature contextuelle, à valoriser le processus. Au-delà de cette qualité, il a aussi pour caractéristique d'élargir la notion d'espace urbain dans un sens excédant les critères de représentation géographique ou psychologique que nous formons le plus souvent au contact de la ville. Avec l'art marché, ainsi que le formule Davila, « apparaît un univers où le déplacement s'affirme non seulement comme un moyen de translation sociale, mais également comme un fait psychique, comme un

1. Thierry Davila, *Marcher, créer*, *op. cit.*

outil de fiction ou encore comme l'autre nom de la production [1] ».

La décoration polémique

Dans son étude *L'Invention du quotidien*, Michel de Certeau évoque la marche comme une « pratique d'espace [2] ». À défaut de permettre la confrontation avec la ville en tant qu'entité, ville de toute façon non accessible en bloc, marcher équivaut à expérimenter en « pratiquant ordinaire » les opportunités qu'offre le territoire urbain en matière de découverte sensorielle du *locus*. Ce qui revient, suggère Certeau, à écrire le « texte » de la ville d'une manière authentiquement vécue, comme on trace un dessin sur une feuille, en jouissant d'une telle prise de possession de l'espace vierge. Toute exploration, toute conquête, en l'occurrence, se traduisent par un sentiment de possession concrète, à l'échelle physique du corps, défi à l'abstraction que représente la carte. Sentiment possessif, on le pressent, qui a sa conséquence. L'artiste qui recourt à la ville comme médium (comme un peintre utilise un tableau) peut finir par en user comme de son bien esthétique propre. Il lui impose sa griffe, sa signature, aménage la matière qu'il y apporte. D'où, en toute logique, le principe de *décoration*, emblématique de l'art urbain.

1. Thierry Davila, *Marcher, créer… le déplacement dans l'art*, conférence, espace Croix-Baragnon, Toulouse, 28 mars 2002.
2. Michel de Certeau, *L'Invention du quotidien. Arts de faire*, Paris, Gallimard, 1990, notamment le chapitre « Marches dans la ville ».

Décorer. Un tel terme, s'agissant des pratiques urbaines d'art, se doit d'être vidé de sa dimension ornementale, ou de la facticité. On le comprendra plutôt comme un apport, une transfusion de matière sensible. La ville, c'est un étant donné, et l'art « de » ville, un prolongement de cet étant donné. Prolongement prenant la forme, au plus mince, d'un supplément d'expression. Telle que l'envisage l'artiste contextuel, la ville est une réalité donnée mais malléable, un *chantier* où l'artiste installe une œuvre qui y prend rang d'« outil visuel » (la formule, fort à propos, est de Daniel Buren) ou d'outil tout court. Les affichages non autorisés que réalise à Paris, en 1968, Buren – de simples bandes noires et blanches – en fournissent une illustration éloquente, en particulier du potentiel à rendre le contexte modelable. À l'époque où Buren va lui aussi « coller », tout affichage non autorisé est prétexte à slogans, revendications, critiques s'exerçant contre l'ordre gaulliste, bourgeois et capitaliste. Si la révolte de Mai donne à Paris un visage nouveau en faisant de ses murs un gigantesque dazibao, les affiches de Buren y apparaissent en revanche comme une énigme, comme une affirmation qui n'affirme rien – des bandes noires et blanches, autant dire quoi ? Le consensus est aux proclamations militantes, quand cet affichage « sauvage » semble pour sa part en appeler à autre chose : à la valorisation d'un hors-cadre, d'un hors-temps, d'une rhétorique divergente de la signalétique publique courante. Sa plus évidente raison d'être ? Un arrêt mis à la colonisation de l'espace urbain par les signes écrits. L'appel, en sous-main, à une redéfinition de la vision. Résultat : la vision du public, cette fois, trouve moins matière à étancher sa soif de revendication qu'elle ne se confronte à un signe muet jouant comme un oxymore, un signe en apparence silencieux mais au silence éloquent. Décoration de l'espace urbain, donc, mais au plus loin de la séduction constitutive de toute décoration, séduction qui n'a évidemment pas cours dans le cas des affiches de Buren.

Tel que l'envisage ce dernier (ou, dans la même veine, Joseph Kosuth avec *Texte/Contexte*, énoncé sur un panneau publicitaire qui explique au passant comment la publicité use de signes afin de le conditionner[1]), l'affichage intempestif joue comme un court-circuit. À cause de lui, l'espace public se découvre infecté. Le voilà remis en question par une signalétique moins innocente qu'il n'y paraît de prime abord, dont l'apparente vacuité plastique va constituer toute la charge séditieuse (ce n'est pas sans raison que l'affichage intempestif ou illégal est qualifié de « sauvage » dans le langage commun). Cette charge séditieuse, quoique le vecteur en soit des plus inoffensifs, ne doit pas être sous-estimée. Lors de l'exposition *Quand les attitudes deviennent forme*, en 1969, à la

1. Joseph Kosuth, *Texte/Contexte*, affiche place Saint-Michel, Paris, 1979. On peut lire sur cette affiche le texte suivant : « Cette fois encore, on se demandera, qu'est-ce que c'est ? (...) L'espace que ce texte occupe, tout comme l'espace que vous occupez, semble faire partie du monde réel. Pourtant, ce qui est dit ici veut suggérer une absence ; ce blanc ou ce vide que ce texte doit devenir dans le but de parler de ce que seul un gommage pourrait ici exprimer. Ce texte rendrait visibles ces conventions qui vous relient à lui, mais les voir vous rendraient aveugles à "ce que c'est". Ce que vous voyez autour de vous, et ce que vous apportez avec vous, fait de ce texte un tout. »

Kunsthalle de Berne, Daniel Buren, qui n'a pas été admis à y exposer, placarde ses affiches autour du bâtiment. Des affiches à nouveau sans contenu textuel, uniquement repérables par l'alternance de bandes de couleur. Elles lui ont pourtant valu d'être arrêté sur dénonciation à la police locale, intriguée par ce collage d'affiches qui ne revendiquent rien. Par-delà l'anecdote (quelques heures de prison pour l'artiste, tout de même...), cette action reflète ce qui constitue la sève de l'art in situ cher à Buren quand celui-ci en vient à occuper la rue de manière illicite, sans demande d'autorisation préalable : la possibilité d'une subversion. Si l'art in situ, c'est-à-dire conçu en fonction de son lieu d'accueil, se donne dans les cas autorisés des airs de conversation raffinée entre le site et l'œuvre (l'œuvre change le lieu comme le lieu change l'œuvre, selon la formule de Buren, son principal initiateur et vulgarisateur), il arrive que son propos soit essentiellement discordant, en rupture, et relève, par signalétique interposée, de l'attentat [1].

La ville refigurée

Au plus simple, la raison d'être des réalisations de type affichage intempestif est de mettre en forme un *accident*. L'art, que l'on n'attendait pas, surgit. Garant d'une transformation de la plastique urbaine, ce sur-

1. Sur la naissance de l'art in situ et la manière dont Daniel Buren l'appréhende, voir notamment Daniel Buren et Jérôme Sans, *Au sujet de...* (entretiens), Paris, Flammarion, 1998.

gissement a pour corollaire une évolution du point de vue de l'artiste sur la ville. Point de vue qui accrédite l'idée que la ville gagne à ce que l'art s'en empare, à condition que ce dernier soit rénové. Les métamorphoses qu'inflige l'art public sauvage n'étant pas de nature à s'inscrire dans la durée, mais à passer, c'est donc un art toujours renouvelé et éphémère qui adhère à l'espace de la ville, d'évidence plus conforme à l'esprit de celle-ci que les formules d'art urbain somptuaires ou commémoratives. Parce qu'en transit, la création sauvage implique tout naturellement une remise en jeu de la manière comme des médiums de l'artiste. À ce dernier de mettre production et conditions matérielles de travail au diapason de la matière urbaine une fois celle-ci sollicitée pour ce nouveau modelage.

L'artiste « travaillant » la ville aura quelque mal à obtenir un résultat probant s'il utilise les vieilles méthodes ou les façons de faire classiques de l'art, tels le tableau ou la sculpture. Refigurer la ville, à cet égard, présuppose que les outils soient redéfinis, de même que la méthode. Daniel Buren rappelle comment la perte de son atelier l'a conduit à travailler in situ et à recourir à un médium perceptible dans l'instant [1]. Ne plus avoir d'atelier, c'est s'obliger à produire des œuvres simples sur le plan matériel, vite réalisées, sans recours à un environnement technique lourd, d'une nature telle qu'il n'est plus besoin de les stocker ; des œuvres, enfin, au potentiel d'impact élevé. Puisque c'est aussi se retrouver à la rue, dans la

1. Dans le catalogue de l'exposition *Micropolitiques*, *op. cit.*, C.N.A.C. « Magasin », Grenoble, 2000.

rue, s'impose une réflexion sur le type d'œuvre le plus à même de *s'adapter* au milieu urbain, plastique contre plastique. L'utilisation répétitive par Buren de la bande de 8,7 cm de largeur, noire ou de couleur, atteint parfaitement son but : aisée à reproduire, de dimensions indéfiniment variables, elle est apte à être industrialisée et produite en grande quantité ; en outre, elle engendre, une fois affichée, des effets de décalage visuel. S'il semble de prime abord cohérent (l'efficacité est à ce prix), ce critère d'adaptation de l'œuvre au milieu n'est pas sans poser problème. Il postule que l'art sous ses formes classiques, à commencer par l'art urbain traditionnel, est au contraire radicalement étranger à la ville, même lorsqu'il prend des formes devenues canoniques, assimilées à la substance du monde urbain, considérées comme organiques. La ville moderne est l'espace par excellence du transitoire, lieu baudelairien dont la forme, dit le poète du *Cygne*, « change plus vite, hélas !, que le cœur d'un mortel ». L'art doit alors se faire transitoire, lui aussi, accompagner passages et dérives des citadins, se mouler dans la dynamique d'espaces que modifie sans arrêt la ville vive, se soumettre à une perpétuelle transformation. Partisan de l'« anarchitecture », Gordon Matta-Clark profite ainsi de la désaffectation de maisons ou de bâtiments destinés à la démolition (New York, Paris, années 1970) : à l'aide de matériel de chantier, il les découpe pour en exposer l'intérieur après avoir abattu une façade, ouvre des parcours inusités pour l'œil ou pour le passage d'éventuels visiteurs. Parce que la ville moderne concentre l'univers du piétinement et des parcours consuméristes, il revient aussi à l'art d'investir lieux d'échange et de commerce, dans un rapport direct avec la géographie concrète du monde matériel. Emmené par Hervé Fischer et Alain Snyers, le groupe des Citoyens-sculpteurs ouvre un atelier de création collective en plein supermarché de Chicoutimi, au Canada (1980). Dan Graham installe des systèmes vidéo dans les patios de grands centres commerciaux nord-américains ou dans les vitrines d'une rue en Allemagne (années 1980) : caméras et moniteurs renvoient aux consommateurs leur propre image d'individus condamnés au parcours à stations accompli de magasin en magasin, forme désormais banalisée d'errance existentielle et variante désacralisée du pèlerinage. Kristof Kintera conçoit des « objets sans usage » que l'apparence assimile à du matériel électroménager et qu'il met directement en vente dans des boutiques réservées aux objets domestiques (années 1990), etc. On l'aura compris : ce que voudrait tempérer l'art contextuel urbain, ce sont les tendances ostentatoires, manipulatrices et décoratives de l'art de ville traditionnel. Et amoindrir du même coup une tentation courante chez les urbanistes : une vision esthétique trop souvent abstraite de la ville et du paysage urbain.

Ajouter à la plastique urbaine peut revêtir des formes diverses. Certaines, portées par une dynamique participative, sont de nature ludique, à l'instar des expériences en milieu urbain menées par le Groupe de Recherche d'Art Visuel. Les membres du GRAV (Garcia Rossi, Le Parc, Morellet, Sobrino, Stein, Yvaral) présentent et justifient ainsi leur *Journée dans la rue*, qui se déroula à Paris le 6 avril 1966 :

> « La ville, la rue est tramée d'un réseau d'habitudes et d'actes chaque jour retrouvés. Nous pensons que la

somme de ces gestes routiniers peut mener à une passivité totale ou créer un besoin général de réaction. Dans le réseau des faits répétés et retrouvés d'une journée de Paris, nous voulons mettre une série de ponctuations délibérément orchestrées. La vie des grandes villes pourrait être bombardée de façon massive non pas avec des bombes, mais avec des situations nouvelles sollicitant une participation et une réponse de ses habitants [1]. »

La *Journée dans la rue*, « bombardement » de situations nouvelles, va prendre dans la capitale française la forme d'un parcours chronométré d'une durée de huit heures, entre 8 et 16 heures. Ce parcours se déploie du Châtelet à l'Odéon en passant par l'Opéra, le Quartier latin, les Tuileries et Montparnasse. Chaque étape y devient l'occasion de confronter le public à des créations peu familières : un « objet cinétique habitable » en forme de cylindre pénétrable placé à l'entrée de la station de métro Opéra ; un circuit où le passage des promeneurs déclenche des flashes électroniques à Saint-Michel ; des sifflets offerts en cadeau aux spectateurs des cinémas d'art et d'essai ; un concours d'équilibre sur le trottoir devant le restaurant La Coupole ; divers éléments à « actionner, manipuler, essayer », comme dans une fête foraine, à l'Odéon [2]...

Une autre façon de refigurer la ville consiste à recourir à des emblèmes voyants. Les affiches sont le plus fréquemment utilisées. Recourir à l'affiche, pour

1. Extrait du tract distribué aux passants lors de la *Journée dans la rue*.

2. Pour le détail, voir *GRAV. Stratégies de participation – Groupe de Recherche d'Art Visuel. 1960/1968* (cat. d'exposition, dir. Y. Aupetitallot), C.N.A.C. « Magasin », Grenoble, 1998, p. 172-179.

l'artiste, relève de l'activisme. À travers elle, il entend susciter une prise de conscience et redonner le goût de l'action lorsque n'y parviennent plus les vecteurs traditionnels de l'expression politique, pétitionnaire ou contestataire. L'utilisation artistique de l'affiche se propage d'Europe (dès la révolution russe d'octobre 1917) aux États-Unis, où elle se banalise au moment du reaganisme (années 1980), « tandis que la sculpture publique est critiquée pour son incapacité à refléter les préoccupations publiques, l'art politique neutralisé par sa récupération par le musée et les projets communautaires interactifs souvent dénigrés comme travail social », précise Harriet Senie [1]. Le succès du genre s'explique par la familiarité du support de l'affiche et la puissance naturelle de son impact. Qu'il s'agisse de lancer slogans révolutionnaires ou appels au soutien d'un régime politique (les artistes œuvrant dans le cadre de l'agit-prop soviétique), d'en appeler à l'aide sociale (Sandy Strauss, *How Do You HELP the Homeless*, 1988, en faveur des sans-abri), de militer pour la lutte contre le sida ou les préjugés que véhicule cette maladie (Gran Fury, *Kissing Doesn't Kill*, 1988) ou contre l'oubli de l'histoire immédiate la plus tragique (Alfredo Jaar, *Rwanda*, 1994), le recours à l'affichage public se révèle d'une indéniable efficacité. Celle-ci s'explique au premier chef par sa proximité avec des thèmes de prédilection

1. Harriet Senie, « Disturbances in the Fields of Mammon : Towards a History of Artists' Billboards », in *Billboard – Art on the Road, A Retrospective Exhibition Of Artists' Billboards of The Last 30 Years*, cat. d'exposition (commissariat : Laura Steward Heon, Peggy Diggs, Joseph Thompson), MASS MoCA, North Adams, Massachusetts, mai-septembre 1999, p. 20.

repris de la vie courante, qui engagent le spectateur à s'identifier avec ce qu'il voit. Comme le dit Les Levine, un de ses plus fervents praticiens, « une bonne affiche artistique est celle qui vous fait sentir que l'information vous était destinée [1] ».

Autre manière encore de refigurer non moins efficacement l'espace urbain : l'utilisation de drapeaux ou de bannières. C'est sans ambages ni retenue que les partisans de ce qui deviendra dans les années 1970, avec l'artiste John Dugger, le *Banner Art*, en quête d'une visibilité maximale, avouent leur goût de la déclamation. Placées d'une manière qui ne doit jamais rien au hasard (et qui, dans leur cas, ne saurait résulter d'une absence de but), les propositions plastiques de type drapeau sont en priorité conçues pour être vues et évaluées, sur le plan esthétique et politique. Proche de Medalla, fondateur du premier Art Festival for Democracy au Royal College of Art de Londres (octobre 1974), John Dugger déploie dans le ciel londonien des bannières à la gloire de la lutte du peuple chilien contre Pinochet (*Chile Vencera*, Trafalgar Square, 1974). Rose Finn-Kelcey réalise elle aussi, entre 1968 et 1973, plusieurs objets plastiques dits *Windblown* ou *Wind-independent*. Porteurs de messages tantôt explicites (*Power for the People*, en 1972, sur Battersea Power Station, à Londres), tantôt ambigus (*Fog*, sur le château de Nottingham), ceux-ci exploitent une veine qui sera reprise un peu plus tard par Les Levine, et que caractérise l'exposition décalée, donc intrigante, de mots du dictionnaire ou de formules consacrées. Comme l'écrit

1. Cité par Harriet Senie, « Disturbances in the Fields of Mammon : Towards a History of Artists' Billboards », *op. cit.*, p. 26.

Guy Brett, pointant leur lien fréquent avec l'art de l'écriture, les objets *Wind-blown* peuvent être reliés autant « aux recherches en art cinétique des années 60 (...) qu'à la poésie concrète[1] », les mots venant dans leur cas s'exposer et s'ébattre au sein de l'espace libre de l'atmosphère.

De l'apparition productive à la dissimulation

La refiguration telle que la module l'art urbain se fait plus courante à partir des années 1970 et adopte une multitude de tours. Tadashi Kawamata se fait connaître par ses abris pour SDF ou par les amoncellements de bois et de débris de construction qu'il distribue au hasard des friches urbaines de plusieurs cités européennes ou nord-américaines (*Field Works*). Mixant l'esthétique du prélèvement[2] (dans la suite de Schwitters, de Rauschenberg) et celle de la « verrue », ces réalisations sont le prélude à de plus vastes installations qui recevront bientôt l'aval des pouvoirs publics : église

1. Guy Brett, *Rose Finn-Kelcey* (1991-1992), cité in *Live in Your Head...*, *op. cit*, p. 81.

2. On doit au groupe UNTEL une des formes les plus systématiques d'esthétique du prélèvement. Les *Prélèvements urbains*, réalisés par ce collectif à Mâcon, en 1976, sont l'occasion d'un arpentage précis de certaines zones de la ville, délimitées par les artistes comme périmètres de prospection (un trottoir, un carrefour...). Les artistes y ramassent tout ce qu'ils trouvent (rue de la Barre, 7 février 1976 : un bout de carton, une ficelle, un mouchoir froissé), le mettent sous blister puis l'exposent avec une photographie du lieu et un plan où est mentionné l'endroit exact où le prélèvement a eu lieu.

désaffectée ceinturée de vieux bois de charpente à Kassel (1987) ; promenade surélevée joignant les divers monuments publics de la place centrale d'Évreux épargnés par les bombardements de la Seconde Guerre mondiale (2000). Dennis Adams, Barbara Kruger, pour leur part, détournent les panneaux publicitaires pour faire valoir une iconographie tiers-mondiste, égrener des slogans revendicatifs prônant l'amélioration de la vie urbaine ou mettant à nu des conditionnements dont le citadin est la victime souvent inconsciente (années 1990, New York). Krzysztof Wodiczko réalise à partir de 1981 des projections en plein air à même la façade de ce qu'il considère comme des « bâtiments-écrans », ceux, en particulier, abritant des organes de pouvoir, palais et autres édifices administratifs. Pour lui, « l'illumination d'un édifice public, en particulier d'une institution située au cœur de la ville, est un acte de parole qui doit encourager et aider une large majorité des individus à participer au discours social de la cité. Idéalement, ces actes publics d'illumination aideraient les citoyens à se parler et à rester sensibles aux vibrations de la ville [1] ». À Montréal, en 1976, Melvin Charney reconstitue dans l'avenue Sherbrooke, comme en un décor de cinéma, les façades de maisons disparues ou livrées aux projets de réaménagement des promoteurs, travail de réactivation de la mémoire du lieu tout autant que de mise en garde… Pas de limite au modèle décoratif urbain propre à l'artiste actif en contexte réel. Dans les années 1990, Antonio Gallego offre ce type de propositions, fort déconcertant étant donné son espace d'expansion, qui est la ville moderne occidentale. Au hasard des murs, cet artiste par ailleurs

1. Cité par Christophe Domino, *À ciel ouvert*, *op. cit.*, p. 96.

spécialisé dans la distribution d'œuvres-tracts procède à un affichage inattendu : des photographies d'architectures telles que la cabane, la borie ou la yourte (série *Architectures premières*). Son geste, déjà, vaut par sa charge d'insolite. Par son indéniable efficacité, aussi, due à son caractère attractif, une efficacité qui, *volens nolens*, se révèle d'une portée multiple : faire réfléchir le citadin à son propre cadre de vie, tirer son imaginaire vers les archétypes de l'habitat humain, l'inciter à comparer les divers modes d'existence qu'adoptent les civilisations. Subsidiairement, montrer combien des thèmes en vogue tels que la mondialisation ou la globalisation ne sauraient concerner l'entière société des hommes. Le tout proposé sans autoritarisme, et sans horizon directif ou didactique. Après tout, rien n'oblige le passant à regarder les affiches placardées par Gallego, et il peut aussi les regarder sans y prêter davantage attention. Voire, les confondre avec ces images sans qualification précise qu'utilise la publicité lors de ses campagnes d'affichage promotionnel en plusieurs épisodes.

Le signe artistique urbain, le plus souvent, quête une visibilité tonitruante, à l'occasion militante, soucieuse dans ce cas de capter vaille que vaille l'œil en général pressé et sursollicité du citadin. Tension au demeurant logique où se trouvent liés un acte de prise de contrôle du visible et une visée d'efficacité. Toutefois, cette posture « médiatique » n'est pas forcément recherchée. Dans nombre de cas sera préférée l'exposition publique d'une réalisation artistique visible mais portant peu à conséquence, de prime abord du moins. Les *City Performances* de Tania Mouraud sont de ce bord-là, qui voient l'artiste utiliser des placards publics pour y figer tantôt des images sans légende, tantôt des locutions qui laissent le spectateur perplexe (« Ni ni » à Paris, en 1978 : « Ni dieu ni maître » ? « Ni droite ni gauche » ?...). Dans cette lignée, Les Levine, Gilbert Boyer, Felix Gonzalez-Torres, Erik Steinbrecher, Pierre Huyghe, Claire Dehove, Franck Scurti, Patrick Mimran, Miriam Bäckström... recourront à ce même procédé laconique pour certains de leurs accrochages publics, promoteurs d'un véritable Billboard Art avec ses règles implicites : campagnes ciblées, accords avec les afficheurs publics, choix des meilleurs lieux où « accrocher », mais alors subvertis [1]. Les Levine, en 1984, le long du Los Angeles Highway, expose les mots *Take*, *Aim* ou *Race* agrémentés de dessins (respectivement un cheval, un cerf, une pelleteuse), sans explication. À Dunkerque et dans les environs de cette ville du nord de la France, Bäckström présente sur des panneaux réservés à l'affichage publicitaire des photographies d'intérieurs d'appartements prises à Stockholm, loin de la cité où elle les expose. La conception ordinaire de l'espace public dans son rapport à l'espace intime est mise à mal, bousculée : l'intime devient le public, et vient s'imposer à lui sans qu'on sache tout à fait à quelles fins, selon une troublante logique de « renversement », écrit Christophe Le Gac [2]. Pour l'une de ses actions publiques (*Cleunay : ses gens*, 1998), Robert Milin fait spécialement édifier par une municipalité de la périphérie rennaise des panneaux sur

1. Le point de vue des artistes « afficheurs » dans Tom Finkelpearl, *Dialogues in Public Art* (recueil d'entretiens), Cambridge, Massachusetts-London, England, The MIT Press, 2000.

2. Sur cette série d'affichages réalisée par Miriam Bäckström dans la région française Nord-Pas-de-Calais à l'initiative du Fonds régional d'art contemporain (à Boulogne, Outreau, La Grande-Synthe...), voir Christophe Le Gac, « Urbanités et renversements », in *Parpaings*, n° 29, janv. 2002, p. 18-19.

lesquels il placarde la photographie des habitants du lieu qu'il a fréquentés durant les semaines précédentes – autant de nouveaux « tableaux », mais à l'échelle du regard urbain. Jenny Holzer, pour sa part, utilise le système des « déroulants » lumineux des grandes cités occidentales pour incruster ses *Truisms* (à partir de 1977), messages tenant à dessein du cliché : « Mourir d'amour, c'est beau mais stupide », « Ne faites pas trop confiance aux experts », « La structure de classe est aussi artificielle que le plastique », « L'humanisme, c'est dépassé »... Dans d'autres cas sera privilégiée l'expression furtive ou fugitive. Dans les périmètres les plus modernes des villes, Dan Graham installe des dispositifs en verre réfléchissant qui viennent contaminer l'esthétique du reflet propre à nos cités de verre : miroirs ajoutés aux miroirs préexistants, tandis que le jeu des apparences, pour l'usager, peut être multiplié jusqu'au vertige ou au malaise. David Hammons, un jour d'hiver, façonne avec de la neige de petits objets et les expose sur le trottoir new-yorkais, comme le font les vendeurs à la sauvette. Les fameux *Bâtons*, qui ont assuré sa réputation à André Cadere, offrent un autre exemple de « décoration » minimale, pour le moins fugitive, artefacts singuliers dont on rappellera pour mémoire l'histoire, fort instructive. Première étape : des tiges ornées d'anneaux colorés plantées à la verticale dans des socles ; deuxième étape : ces mêmes tiges posées le long d'un mur, sans socle ; troisième étape : les mêmes, toujours, mais cette fois véhiculées par l'artiste, sur son épaule, en tous lieux où il lui plaît de se rendre.

La limite avec laquelle l'artiste flirte volontiers, au terme de ce processus qui met en jeu le furtif, le subreptice, c'est celle de l'invisible. Certaines œuvres, devenues mutiques, vont investir la ville en secret – spectres artistiques paradoxaux : autant de réalisations présentes mais absentes à la fois, volontairement illisibles et mal détachées de leur support, qui se fondent dans la matière urbaine plus qu'elles ne l'affrontent de manière ouverte. Patrice Loubier nomme « signes sauvages » ces formes nées d'une intervention légère portée à se dissimuler et à refuser tout effet – ainsi du fil rouge que le même Loubier va dévider à l'automne 2000, avec le concours de Michel Saint-Onge, à travers toute la ville haute de Québec. Comme le définit cet auteur et critique d'art passé à l'acte, « le trait caractéristique du "signe sauvage", c'est de faire intrusion, sans affiche ni enseigne, sans "mode d'emploi" : sa seule apparition perturbe localement et temporairement l'économie fonctionnelle des signes et des objets de l'espace urbain [1] ». Une perturbation locale et temporaire

1. « Du signe sauvage, notes sur l'intervention urbaine », *Inter art actuel*, n° 59, 1994, p. 32. Exemple concret avec *Sans titre (le fil rouge)*, 4 octobre 2000, cité ici, et dont voici le descriptif : une bobine de fil à coudre rouge d'une longueur de 5 000 mètres est déroulée, la nuit, de façon à traverser en largeur toute la ville haute de Québec, depuis l'escalier face à l'ancien édifice du quotidien *Le Soleil* en ville basse jusqu'au fleuve Saint-Laurent, de l'autre côté des plaines d'Abraham (montant l'escalier, il passe par les rues Sainte-Claire, Saint-Jean et Claire-Fontaine, traverse les plaines, redescend par l'escalier du Cap-Blanc et coupe le boulevard Champlain pour se jeter finalement dans le fleuve). Le fil décrit ainsi une ligne continue, quoique à peine discernable et éminemment précaire, qui se faufile à travers un patchwork de contextes et d'ambiances urbaines diverses : le faubourg Saint-Jean-Baptiste, le boulevard René-Lévesque et les grands bâtiments de la fonction publique, la Grande-Allée cossue, les plaines d'Abraham, puis le quartier du Cap-Blanc adossé à la falaise. Le fil souligne la géomorphologie toute particulière de Québec, dont la ville haute n'est pas autre chose qu'une avancée du Bouclier canadien bordant le fleuve Saint-Laurent.

dont il faut se demander si son objectif, à rebours d'une quête d'effet, ne réside pas dans le geste même de la présence ou du déplacement évoqué plus haut, geste mettant à nu le désir de transformer tout bonnement la ville en objet d'expérience. « Geste simple de marquer un territoire d'une présence éphémère et presque imperceptible », dont « la finalité se trouve donc dans le processus même »[1], précise Sylvette Babin.

De l'art comme variateur de la temporalité urbaine

Gigantesque tableau où les rues, pour reprendre l'expression de Maïakovski, se font les « pinceaux » des artistes, sculpture grandeur nature qu'on modèle selon l'envie, la ville offre tout ce que l'artiste fervent du contexte réel peut souhaiter : des thèmes et des lieux, des possibilités de déplacement, de station, de rencontre, de confrontation ou de dérobade, sans

1. « Pratiquer la ville », *Esse*, n° 42, printemps-été 2000, p. 17. Au-delà de sa nature processuelle, on ajoutera que le signe sauvage n'est pas forcément sans lien tactique avec d'autres formes d'expressions « discrètes », dans d'autres domaines de création, en particulier le *Théâtre invisible* d'Augusto Boal, activé en Argentine, dans les années 1970, par le créateur du fameux *Théâtre des opprimés*. A. Boal définit ainsi son *Théâtre invisible* : « Il consiste en la présentation d'un acte scénique dans un environnement autre que le théâtre, et devant des gens qui ne sont pas des spectateurs. L'emplacement peut être un restaurant, un trottoir, un marché, un train, une queue, etc. Ceux qui assistent à la manifestation sont là par hasard. Pendant le spectacle, les gens ne doivent pas avoir l'impression qu'il s'agit d'un spectacle » (Augusto Boal, « Le Théâtre invisible », in Jan Cohen-Cruz dir., *Radical Street Performance…*, *op. cit.*, p. 121-124).

oublier les habitants, innombrables. Combinatoire virtuellement infinie dont le résultat, la ville comme forme pratique de l'art, ne saurait trouver de stabilité tant ses constituants se révèlent en continuelle évolution, voués au changement, au remplacement ou à l'obsolescence. L'œuvre réalisée en milieu urbain, comme le souligne Catherine Grout, « ne se présente plus forcément comme un objet repérable, stable, éternel ». Bien au contraire, « intervention éphémère, *work in progress*, elle est soumise au temps [1] », temps de la ville qu'on sait plus que tout autre fluctuant et pulsatif.

Si l'art urbain se présente comme un facteur ajoutant à la ville de la forme, nul doute qu'il y ajoute aussi du temps, ou plutôt des temporalités propices à modifier le temps moyen tel que l'éprouve le citadin. Amante des images, la culture urbaine l'est tout autant des faits, du mouvement des choses et des situations, de l'éruption inopinée de ce réel brut qui fait sa vibration et atteste de sa vie profuse. Comme l'écrit Pierre Restany, « le statut platonicien de l'image n'a vraiment été contesté qu'à partir du moment où l'expansion de la culture urbaine nous a fait passer d'un art de la représentation à un art de l'appropriation du réel, c'est-à-dire de la présentation [2] ». C'est en vertu de ce glissement vers la présentation que l'art urbain se constitue comme événement et comme figure, *Erle-*

1. Catherine Grout, « Art en milieu urbain », in *Groupes, mouvements, tendances de l'art contemporain depuis 1945*, *op. cit.*, p. 245.

2. Catalogue de l'exposition *Cette culture qui vient de la rue*, Vitry-sur-Seine, 2000.

bnis en vertu duquel les temporalités de la ville se voient par lui réenrichies. S'il porte la ville à connaître une mutation plastique, l'acte d'intervention artistique en milieu urbain modifie aussi les temporalités internes de celle-ci. Rarement quelconque, il active la contemplation du passant, ou ralentit son regard, insuffle dans la rythmique urbaine un surcroît de vitesse ou de lenteur : en travaillant ensemble l'espace et le temps de la ville. Manière ostensible d'ajouter du passager au passager, de faire varier la qualité de l'éphémère, d'introduire une sculpture dans l'instant qui est aussi sculpture *de* l'instant.

Décorer la ville en ayant pour préoccupation son contexte – autant dire la reconfigurer, espace et temps confondus, en changer apparence et devenir, en redessiner le « corps symbolique [1] », selon l'expression d'Anne Cauquelin, mais aussi la personne, toute ville étant vécue par son citadin comme une individualité singulière. L'artiste, dans ce cas, travaille moins sur le motif, le thème urbain, qu'il ne travaille le motif même, la ville comme matériau et comme énergie, qu'il resingularise.

1. Anne Cauquelin, *Essai de philosophie urbaine*, Paris, Presses universitaires de France, 1982. Notamment « Le corps symbolique de la ville », p. 182 et suivantes.

V

LE PAYSAGE INVESTI

Le paysage naturel est lui aussi l'objet d'interventions artistiques de nature contextuelle. Moins que la ville, toutefois. Fascinée par le modèle de l'*Urbs* majeure, qu'elle reconduit et alimente sans cesse, la civilisation occidentale conçoit en premier lieu l'existence humaine à l'échelle de la ville, existence ancrée dans l'espace urbanisé et ses codes de vie plus volontiers que dans ceux du monde extra-urbain. De là cette disproportion entre les deux cadres majeurs susceptibles de cristalliser l'action artistique, disproportion qui profite largement à la ville et qui a pour l'artiste cette conséquence : agir dans et avec le paysage, à même l'espace naturel, c'est devoir se confronter à un milieu de moins en moins familier, raréfié par la vie moderne, où la part de nature authentique ne cesse de reculer. C'est aussi devoir opérer dans un écosystème en évolution, rançon d'une occupation humaine envahissante, réorganisatrice et pollueuse, qui casse les anciens schémas et les représentations traditionnelles du lien entre nature et paysage. « Notre amour du paysage est aujourd'hui un amour soucieux. Le paysage n'est plus objet de contemplation, de pure fusion, voire d'extase. Non, il est objet de discussions, de stratégies, d'action[1] », écrit Anne Cauquelin. La nature, et par extension la planète, sont devenues denrées précaires, périssables. Elles peuvent ne plus nous survivre.

Au regard de cet arrière-plan traumatique, envisagé de surcroît comme pratique marginale dans un espace plus complexe qu'il y paraît, et écologiquement menacé, l'art contextuel en milieu naturel a tout d'une formule problématique. Recourir au paysage non urbain pour y installer l'œuvre ou accomplir un acte artistique, c'est vouloir prendre ses aises, profiter de l'espace naturel, libre. C'est tout autant désirer créer les conditions d'une mise en relation de deux énergies d'ordinaire non liées de manière organique : l'art, cantonné dans le périmètre de la culture et de ses appareils, et la nature, milieu qui se déploie au-delà des échelles habituelles, offrant la matière d'un contexte *a priori* illimité. Ce double désir peut trouver ses limites en termes d'efficacité. D'une part, la refonte de la nature par l'homme, accomplie au nom d'impératifs économiques ou politiques, compromet grandement les chances d'une issue positive à la relation artiste-nature (le milieu naturel : au sens strict, il n'existe plus, du fait de sa corruption souvent brutale et irréversible par l'homme). D'autre part, l'intervention de l'artiste peut être légitimement interprétée comme un geste de colonisation supplémentaire, geste qui risque d'être malheureux, déplacé ou de manquer son but, et ce d'autant

1. Anne Cauquelin, « Site : paysage du troisième type ? », *Techniques & Architecture*, n° 456, oct.- nov. 2001, p. 67. Du même auteur, *L'Invention du paysage*, Paris, Plon, 1989 (rééd. PUF, 2000).

plus à partir du XXe siècle, lorsque l'artiste, mu par un désir de ressourcement ou d'exploration, recherche avec le milieu naturel une relation fusionnelle. On l'aura compris, les chances de voir l'art magnifier le paysage, et inversement, et de voir l'artiste, surtout, y trouver sa juste place sont de plus en plus minces.

Ultimes bains de nature modernes

L'espace non urbain est pour l'artiste, depuis l'âge classique, un thème familier, du moins en termes de représentation. Cette familiarité avec le paysage, marquée par une volonté de domestication, remonte à la Renaissance italienne. Elle se change en passion à l'heure du romantisme, en occasion d'expérience avec l'impressionnisme, en habitude ensuite, tandis que représenter un paysage, pour l'artiste lambda, c'est tout à la fois honorer la tradition du paysage comme genre et relancer un pari de longue date engagé : faire du paysage le miroir de la nature, le cadre d'élection où laisser s'exprimer sentiments et perceptions que cette dernière inspire à l'homme, ou encore que le paysage devienne l'occasion d'une méditation métaphysique sur la position de l'homme dans l'univers[1]. Qu'il s'agisse de la nature soumise à l'ordre et au calendrier du Divin des *Très Riches Heures du duc de Berry*, des vues de la campagne de Poussin, du *skying* de Constable déployé au-dessus de paysages champêtres, du *Voyageur contemplant une mer de nuages* de Friedrich, des berges à la végétation vapo-

1. Un ouvrage classique en la matière : Kenneth Clark, *L'Art du paysage*, Saint-Pierre-de-Salerne, Éditions Gérard Monfort, 1988.

reuse de Corot, des meules de foin de Monet ou de la prairie américaine édénique que célèbre un Grant Wood, parmi l'infinité de propositions du milieu non urbain, le paysage fait bel et bien figure d'ami bienveillant, nourricier et inusable pour l'artiste. Mais non sans conséquence malheureuse, à force d'utilisation. Si cette inépuisable matrice à images qu'est le spectacle de la nature contribue à « paysager » l'univers des formes artistiques (celles qui émanent en particulier de la peinture et de la photographie), c'est, à dire vrai, dans les termes régressifs d'une indéniable surexploitation du thème. Une surexploitation qui a des effets discutables, à commencer par ceux-ci : d'une part, le paysage se révèle en fin de compte traité plus comme un argument que pour lui-même ; d'autre part, elle engendre la construction culturelle, dans l'inconscient occidental, d'un paysage mythique qui n'a plus grand-chose de commun avec l'original[1].

1. Le thème du paysage s'impose par excellence dès qu'il s'agit d'exploiter la question du rapport humain au monde. La peinture et la photographie ont multiplié, à la fin du XXe siècle, les traitements traumatiques du paysage, sur fond redondant de paradis perdu ou du lien défait : paysages vides d'Éric Poitevin, d'Axel Hütte, de Werner Hannapel ou de Jörg Sasse… Ou, à l'opposé, en un effet de miroir inversé, on a magnifié par l'image la beauté de la nature. Ainsi du portfolio *La Terre vue du ciel*, de Yann Arthus-Bertrand (Paris, La Martinière, 2001), dont le succès fut considérable et dont la principale caractéristique est une exploitation calculée de la nostalgie humaine d'un monde propre (vu de haut, rien n'est sale), beau, désirable et à même de susciter l'émerveillement, un monde réduit, en fin de compte, à la double économie symbolique de la carte postale et de l'espace rêvé (voir l'anthropomorphisme rassurant de cette clairière découpée dans une forêt vue du ciel et cadrée par le photographe d'une manière telle qu'elle prend la forme d'un cœur).

S'applique-t-il au paysage, l'art classique puis moderne n'a pas d'abord souci du paysage, mais bien de l'art. Son objectif, c'est ce que l'art peut faire d'un paysage, comment il en transcendera ou en neutralisera l'apparence, plutôt que ce qu'il est loisible de générer *avec* le paysage, de concert avec lui. Retrouver le paysage authentique peut par conséquent devenir un défi, retrouvailles qui vont prendre au XXᵉ siècle des formes aussi diverses que la promenade, la collecte d'éléments naturels ou encore l'aménagement in situ, dans le cadre de réalisations artistiques en situation, à l'échelle même de la nature (*earthworks*).

Auparavant, toutefois, une phase intermédiaire, transitoire, témoigne d'un comportement contradictoire de l'artiste. Certes, l'artiste prend conscience qu'il ne peut plus s'autoriser à traiter la nature ou le paysage comme il l'avait fait jusqu'alors. Il hésite pourtant à se radicaliser et à renouveler les déclinaisons artistiques conventionnelles de l'idée de « nature ». Le sculpteur américain Walter De Maria en fournit un exemple avec *Espace de terre munichois*, en 1968. Au troisième étage d'un immeuble de la Maximilianstrasse, à Munich, 50 mètres cubes de tourbe sur 60 centimètres de hauteur emplissent l'espace entier de la galerie Heiner Friedrich. À plusieurs reprises, De Maria réédite la formule, qui connaîtra un certain succès : avec du gravier de Bessung à Darmstadt, en 1974 ; avec des pierres blanches de marbre et de quartz rapportées de différents lieux du globe, en 1987-1988, à la Staatgalerie de Stuttgart (*Sculpture des cinq continents*) [1].

1. Sur ces différentes réalisations et les positions de Walter de Maria, voir Thomas Kellein, « Walter De Maria, *50 m³ Level Dirt*, Munich 1968 », in *L'Art de l'exposition*, *op. cit.*, p. 321.

Participant d'une esthétique de l'emprunt et de l'appropriation, le jeu de De Maria avec la matière naturelle n'est pas, *stricto sensu*, contextuel. Plutôt que la nature, il évoque une crise entre le dedans et le dehors, son but étant de remettre en cause les usages jusqu'alors admis en termes de contenu concret de l'exposition. L'artiste met en scène un matériau d'origine naturelle, mais pas question pour lui de mettre en œuvre un état de réciprocité avec la nature. Même effet de mise en scène quand Pier Paolo Calzolari ou Hans Haacke, à diverses occasions, exposent le mécanisme de la condensation ou du gel, reproduisant ainsi une manipulation ordinaire dans les cours d'histoire naturelle, ou lorsque Dieter Roth, accumulant toutes sortes de déchets humains, les laisse pourrir dans des bacs recueillant l'eau de pluie, illustration au ras des choses du mécanisme naturel de la décomposition. Démarches qui demeurent descriptives et ne révèlent rien de réellement contextuel. Une œuvre telle que *325 millions d'années*, morceau d'anthracite exposé tel quel par Giovanni Anselmo, vise moins elle aussi le travail avec la nature qu'une re-contextualisation (muséographier une substance naturelle après l'avoir extraite de son site d'origine). Elle se place du côté de la non-contextualité, tout comme la sculpture de Pino Pascali en forme de bassin contenant de l'eau marine, intitulée en bonne logique *35 m³ d'eau de mer*. De telles propositions citent la *natura naturans* mais pour la claquemurer dans le musée. N'ayant rien à voir avec la naturalité réelle, elles « translatent » au contraire le naturel jusque dans le périmètre de l'artificiel roi, la matière devenant spectacle. Quant à l'artiste qui est le promoteur de cette translation, il n'agit pas sans ambiguïté.

S'il rend un hommage appuyé aux vertus des éléments naturels, à leur beauté, à leur matière et à leurs formes, il endosse tout autant la fonction de procureur réquisitionnant la nature pour l'exhiber là où elle ne saurait être, du moins à l'état brut. Cette forme d'art « translatif », qui repose sur le déplacement et la transplantation autoritaires, tient plus de la citation à comparution (exposer) que de l'expérience de l'échange sensible (mélanger son corps à l'élément naturel). Autre ambiguïté de cet art translatif : son caractère spectaculaire avéré, gage de son succès, voire sa tournure spectaculariste. L'exposition de chevaux vivants qu'a organisée Jannis Kounellis à la galerie L'Attico, à Rome, en 1969 (*Sans titre (douze chevaux vivants)*), fournit sur ce point l'un des meilleurs exemples qui soient. Se référant à un thème immémorial – le thème équestre, exploité jusqu'à plus soif par la statuaire universelle et qui donnera lieu plus tard, sinistre bouquet final, à la fameuse exposition nazie *Le Cheval dans l'art* –, cette proposition a moins pour objet un geste cherchant le « naturel », en l'occurrence dans l'animal, que le renouvellement d'une perception. Comme l'écrit Germano Celant, « les chevaux mettent radicalement en question le concept de structure de la perception : parce que l'espace anonyme et polysémique de la galerie est confronté à la violence énergétique des animaux (...). Le rapport de Kounellis à l'observateur n'est pas passif, il est en un certain sens agressif[1] ». Déterminant prioritaire, si l'on en croit

1. Germano Celant, « Jannis Kounellis, *Senza titolo (Dodici Cavalli Vivi)*, Rome 1969 », in *L'Art de l'exposition*, *op. cit.*, p. 353.

Celant, que cette remise en question des usages en matière de consommation de l'exposition. Les chevaux convoqués par Kounellis jouent le rôle de figurants, non celui d'acteurs.

De l'illusion de l'art « translatif » au choix de l'investissement

Ce moment « translatif » doit être appréhendé comme une étape. Moment où l'on se tient au seuil d'un basculement. Moment aussi, dans bien des cas, d'hommage sincère que l'artiste rend à la nature et à ses productions, impassibles témoins, pour certaines d'entre elles, du climax et du monde des origines.

Le « translatif » a tout de l'intermède nostalgique. Il est porté par l'idée romantique, et quelque peu naïve, selon laquelle la culture nous éloignerait de la nature, la corromprait, en serait l'envers maudit et la sœur ennemie. Le projet de l'artiste, du coup, consiste à réinsérer dans la frénésie du présent, contre le culte moderne de l'instantané et celui de l'éphémère, un rapport souvent négligé au temps, celui de la *longue durée* (le long temps de l'humus devenu tourbe et du sédiment changé en pierre calcaire chez De Maria, du cycle de la carbonisation chez Anselmo…), suivant l'idée que le temps comme inscription (les strates du « passé ») est plus palpable lorsque la conscience se trouve confrontée à des réalisations naturelles. Un postulat contestable, comme l'on sait : adopter une conception atomiste du réel, fait d'énergie en mouvement, et uniquement concevable en termes d'actualité du devenir, c'est invalider aussitôt cette notion de temps « long ». Le « translatif », enfin, même s'il a donné à l'histoire de l'art quelques-unes de ses réalisations les plus frappantes pour l'esprit, recèle une sorte de prudence. Tout d'abord, on en reste avec lui au stade d'une représentation. De surcroît, l'artiste adepte du « translatif » se pose à lui-même un interdit, par crainte d'un basculement : l'interdit de *sortir*, de prendre un authentique bain de nature. Traite-t-il de la nature, c'est encore pour la mettre sur un piédestal, pour l'arracher à son lieu originel, pour en faire un médium destiné à l'exposition muséale. Un artiste comme Wolfgang Laib, à la fin du xxe siècle, se fait une spécialité des collectes dans la campagne : pollens, cire d'abeille, lait, riz… Ces produits issus du monde naturel, s'ils sont célébrés par Laib pour eux-mêmes, le sont cependant toujours sous la forme de sculptures ou d'installations appelées à prendre place dans les musées ; ainsi en est-il des carrés de pollen au sol, des maisons de cire ou des alignements de bols de riz. Le symbole l'emporte, et de loin, sur la matière – dans des termes un rien douteux, d'esprit New Age ou crypto-bouddhiste. Dans ce cas, on prend au paysage mais on ne s'y adonne pas, on n'échange pas, on n'intervient pas, substance pour substance, dans la quête d'un rapport symbiotique et fusionnel qui ferait état d'un lien immédiat à la nature et d'une proximité vécue. Il ne semble pas incohérent d'avancer que les œuvres usant de la nature par translation demeurent inscrites dans une perspective venant prolonger sans heurt véritable celle du classicisme des siècles passés, représentation réglée et pacifiée nourrie des principes d'équilibre, d'harmonie, de spectacle rassurant ou nostalgique, et prompte à nous consoler de la réalité en recourant à l'injection de quelques doses d'idéal. Dans la mesure où il relève de l'appropriation, l'art « translatif » signale une expansion de l'art, son extension en direction de domaines a priori anartistiques. Évolution moderniste dont le *ready-made* duchampien constitua à son heure (1913) l'inauguration historique. Mais rien de plus, pas de franchissement de la ligne qui sortirait l'art du musée pour en faire un art authentique de la nature ou du paysage.

Douglas Huebler déclare en 1969 : « Le monde est plein d'objets plus ou moins intéressants. Je ne compte pas en ajouter. Je préfère constater simplement l'existence des choses, en rapport au temps et/ou à l'espace[1]. » Apparenté à l'art conceptuel, Huebler, ne croyant pas si bien dire (et faire), donnera pourtant au monde d'autres objets, sous forme de relevés ou de photographies traitant de la réalité urbaine. Retenons toutefois le sens de sa déclaration d'intention : 1 – le refus d'une création revendiquant l'artefact inédit ou « auratique », pour reprendre un terme benjaminien ; 2 – le primat accordé aux esthétiques du monde trouvé ; 3 – le monde vécu, immédiat, comme médium d'élection. Pour l'artiste contextuel, investir le paysage[2], c'est mettre en forme une relation d'un genre nouveau dans laquelle, suivant le propos de Douglas Huebler, on ne va

1. Sur Douglas Huebler, lire Ghislain Mollet-Viéville, *Art minimal & Art conceptuel*, Genève, Éditions Skira, 1995, p. 106-107. Huebler, en aucune manière, n'est lié à l'art du paysage. La réflexion de l'artiste citée ici a valeur d'option méthodologique.

2. De manière significative, *Paysages investis* est le titre d'une exposition de François Méchain, sculpteur-photographe utilisant la nature comme médium (musée de la Photographie, Charleroi, 2000).

pas forcément chercher à en rajouter, et où on choisira de travailler en priorité avec ce qu'offre la nature. Cette dernière n'est plus envisagée comme matrice à images, comme paysage voué à finir en *vedute*, laquelle commande aux options et dirige l'œil, l'esprit et la main de l'artiste paysagiste classique. La nature n'est pas non plus ce lieu où ressourcer l'art lorsqu'il vient à manquer de nouveauté ou d'intérêt, ainsi qu'en usèrent un temps, dans le but d'éprouver des expériences inédites de perception, Constable, Turner, Van Gogh ou Monet, parmi tant d'autres artistes du XIXe siècle férus de cet art sur le « motif » qui les jette hors des ateliers, de Pont-Aven à Barbizon en passant par Mortlake Terrace, la plaine de la Crau, la montagne Sainte-Victoire, les vallées de la Seine, de la Marne ou de la Twyvey. Dans l'optique contextuelle, l'investissement se voudra d'abord physique : l'artiste s'installe dans le milieu naturel, qui est son « motif », il travaille en plein air et sur site. Cet investissement se veut aussi bien matiériste. Le geste artistique se destine à opérer dans (et avec) la matière même dont la nature est pétrie. Enfin, il se constitue en dynamique des matières, il a soin d'agiter l'ordre naturel, d'y créer des perturbations ou de mettre à profit, en l'activant, la dynamique propre à la nature elle-même. En 1977, Walter De Maria, sur un haut plateau d'une zone réputée orageuse du Nouveau-Mexique, plante ainsi des dizaines de paratonnerres et crée une sculpture de foudre dont le rythme épouse celui de la météorologie locale (*Lightning Field*). Se glissant dans le paysage naturel, qui devient le milieu autant que le principe d'un art en situation, l'artiste contextuel procède par déplacements concrets (le remodelage du réel), mais aussi symboliques (la variation du sens accordé à la *phusis*). La spécificité de ses déplacements repose sur le contact direct, la manipulation concrète des substances et l'écriture plastique in situ.

Investir la nature, quitter la sphère d'illusion de l'art translatif : ce geste, assurément, prend un sens éminent. Lui-même partie prenante de la nature, l'artiste retourne à la nature, il la traite par contact direct, se fond en elle et la travaille comme à cheval sur son dos. Mais pour dire quoi ? La beauté de Gaïa, la Terre mère ? Sa prodigalité ? Le lien consubstantiel de l'homme à son milieu ? La quête d'un lieu vivable pour l'être humain ? Celle du paradis perdu ? La dégradation des écosystèmes soumis aux impératifs de l'économie planétaire ? Le caractère irrémédiablement politique des paysages ?... Relevons, sur ce point, cette correspondance problématique : à l'attentat physique de la société moderne contre le milieu naturel (son exploitation radicale, sa graduelle destruction par l'aménagement intensif, le culte des espaces jardinés, les formes diverses mais invariablement destructrices de pollution) viennent répondre l'incertitude conceptuelle de l'idée de nature et, par extension, une multiplicité de traitements de ce thème par les artistes. Colette Garraud mentionne, en amont même de la question artistique, la difficulté à cerner le concept de nature :

> « Il n'y a pas à mon sens de "nature" concevable comme entité, mais, d'une part, une collection d'objets constitutifs de l'environnement naturel, et d'autre part la manière dont les communautés humaines ont, selon les civilisations, les religions, les visions du monde, l'état des connaissances, toutes choses variables au cours de l'histoire, perçu, défini, organisé, interprété cette collection d'objets. »

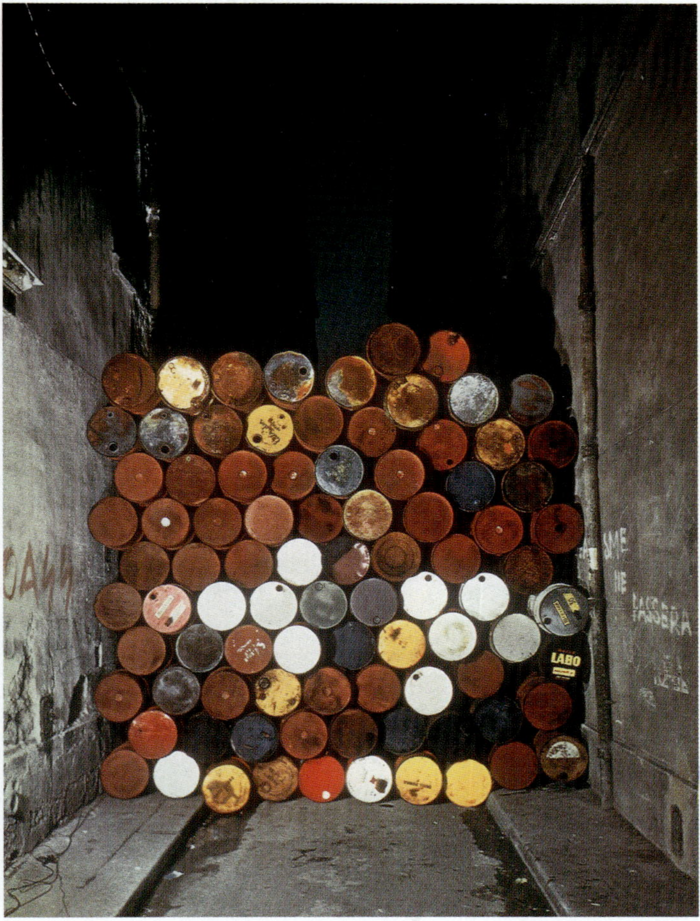

Christo et Jeanne-Claude, ***Mur de bidons d'essence. Le rideau de fer***,
27 juin 1962,
Paris, rue Visconti. Installation en milieu urbain.
Photographie : Jean-Dominique Lajoux.

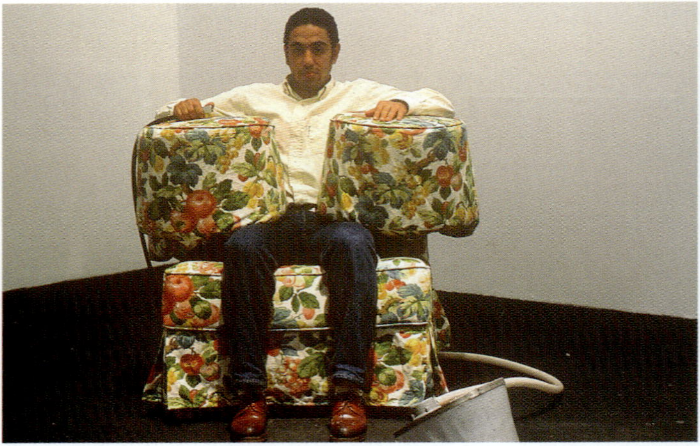

Wendy Jacob, ***Squeeze Chair*** *(with fruit pattern slipcover)*,
bois, tissus, système de gonflage et pompe à air, 1997.
Installation avec mouvement.
Collection FRAC Languedoc-Roussillon.
Un fauteuil est mis en mouvement à l'aide d'une pompe à air, les bras enserrent progressivement la personne assise.

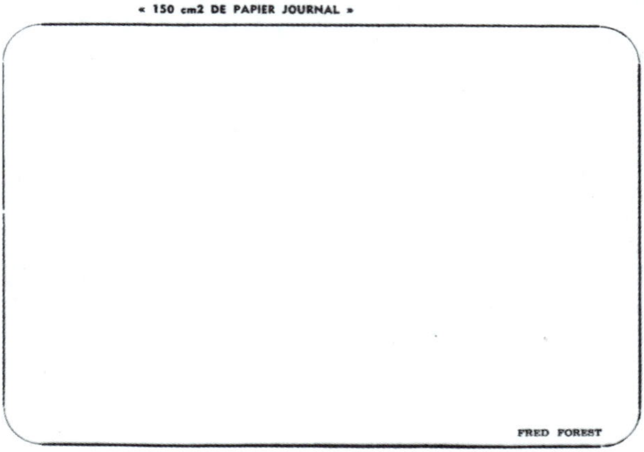

Fred Forest, ***150 cm² de papier journal***, insertion dans *Le Monde* du 12 janvier 1972.
Un art sociologique. Inviter le lecteur à s'exprimer et à participer à la réalisation de l'œuvre.

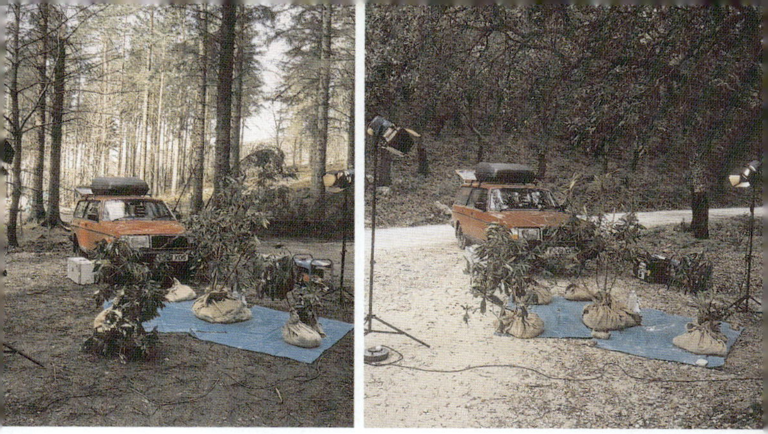

Simon Starling, ***Rescued Rhododendrons*** *(Production Stills)*, 2000.
Courtesy Galerie Neugerriemschneider, Berlin.
Sept rhododendrons déplantés à Elrick Hill, en Écosse, ont été transportés jusqu'au Parque Los Alcornocales, en Espagne, où l'artiste les remet en terre. Le rhododendron a été introduit en Angleterre en 1763 par un botaniste suédois, Claes Alstroemer, à partir d'espèces trouvées, justement, en Espagne.
De gauche à droite : Elrick Hill, Parque Los Alcornocales.

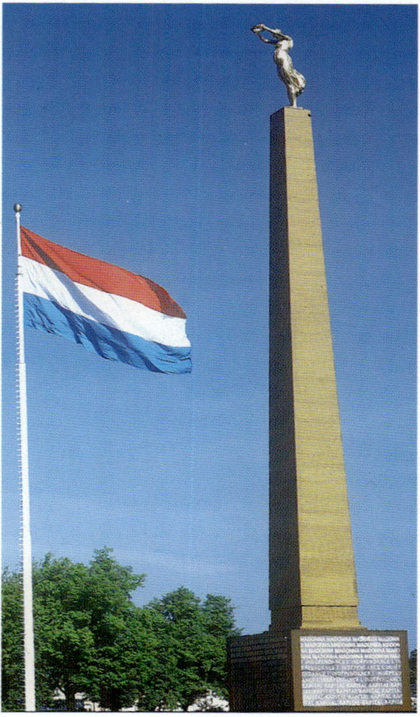

Sanja Ivekovic, ***Lady Rosa of Luxembourg***, matériaux divers, Luxembourg-ville, 2001.
Courtesy Casino Luxembourg – Forum d'art contemporain.
Photographie : Christian Mosar.
Une œuvre réalisée dans le cadre d'une exposition organisée par le musée d'Histoire de la ville de Luxembourg ayant pour sujet le Luxembourg et les Luxembourgeois. L'artiste ajoute en grandeur nature à la Gëlle Fra (« la femme en or »), monument local dédié aux morts des deux guerres mondiales et symbole éminent de la nation luxembourgeoise, sa copie enceinte.

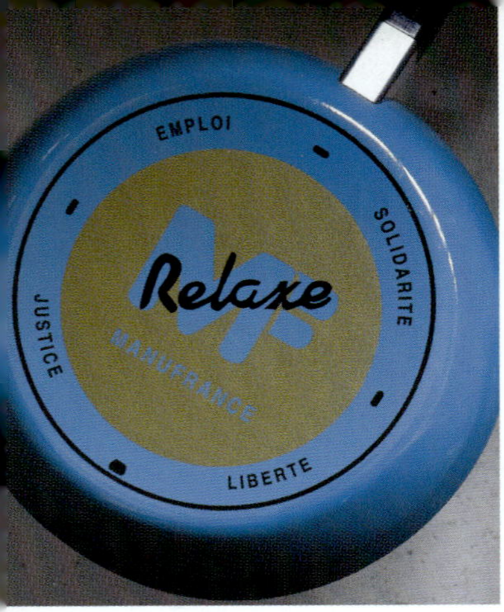

Jean-Luc Moulène, *Poêle des 17 de Manufrance* (série *Objets de grève*), Cibachrome sous diasec, 49 x 38 cm, 1999. Manufrance, Saint-Étienne. 1993.
Courtesy Galerie Anne de Villepoix.
En 1984, 17 syndicalistes et gestionnaires tentent de sauver Manufrance et de préserver l'emploi en créant une coopérative ouvrière. Ils sont dans l'obligation de déposer le bilan le 4 avril 1985. Le 9 juillet 1992, les 17 « Manu » sont condamnés par le tribunal correctionnel de Saint-Étienne : 36 ans d'emprisonnement – dont 22 ans avec sursis – 36 400 000 francs d'amendes sont réclamés aux 10 syndicalistes, 5 gestionnaires et 2 experts comptables. En mars 1993, la poêle Manufrance est créée par la CGT pour soutenir financièrement les condamnés, c'est un appel à la relaxe des 17 en vue du procès qui aura lieu le 31 mars 1993 et qui se conclura par la relaxe de 14 personnes et l'amnistie des 3 autres (collection comité d'entreprise de la Société TEFAL). Les Objets de grève *sont l'œuvre d'ouvriers ou d'employés : objets insolites ou détournés de leur fonction originelle à l'occasion de conflits sociaux, à des fins de revendication ou pour en appeler à la solidarité. Leur exposition prend valeur de témoignage mais aussi de relais.*

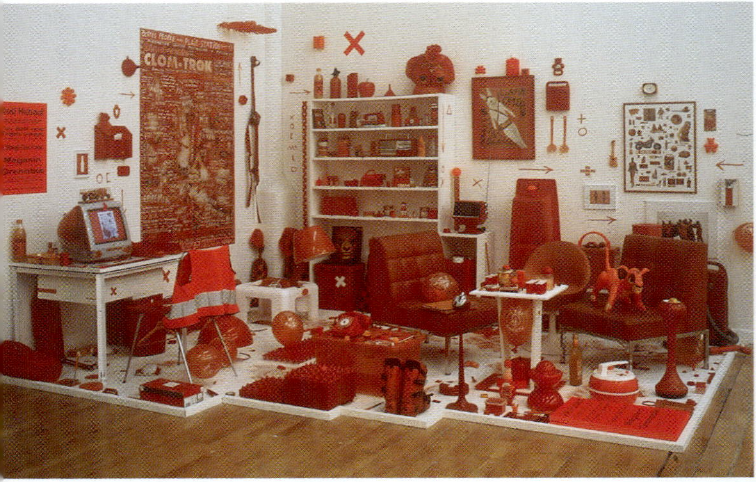

Joël Hubaut, *Bûro orange pour l'Agence C.L.O.M.-Trok* (*agence C.L.O.M.I.K*), 2000.
Exposition *Micropolitiques*, février-avril 2000.
Courtesy Magasin – Centre national d'art contemporain de Grenoble.
Photographie : Marie Clérin.
À la suite d'un appel par voie de presse, l'artiste recueille puis expose une multitude d'objets d'une même couleur auprès d'une population donnée. Le résultat, conforme aux principes du « Mix » et de la création « épidémique » guidant Joël Hubaut, échappe à la stricte définition : installation ? sculpture monochromatique ? peinture sociale ? œuvre collective ?

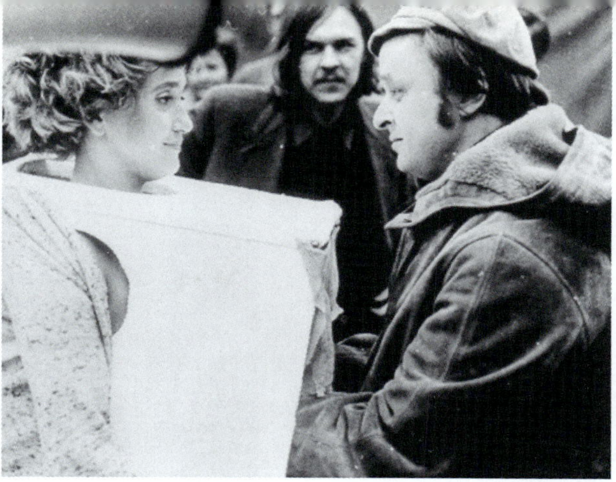

Valie Export, ***Tapp- und Tastkino*** (« Cinéma de palpation et de tâtonnement »), performance-installation, 1968. Courtesy Generali Foundation Collection, Vienne/Archives Valie Export. Photographie : Werner Schulz.
L'artiste autrichienne Valie Export offre aux passants ses seins nus encadrés par un rideau de théâtre, que le spectateur est convié à ouvrir : mise en scène directe du corps féminin, jeu avec le voyeurisme, le rapt d'image et le fantasme de l'appropriation physique.

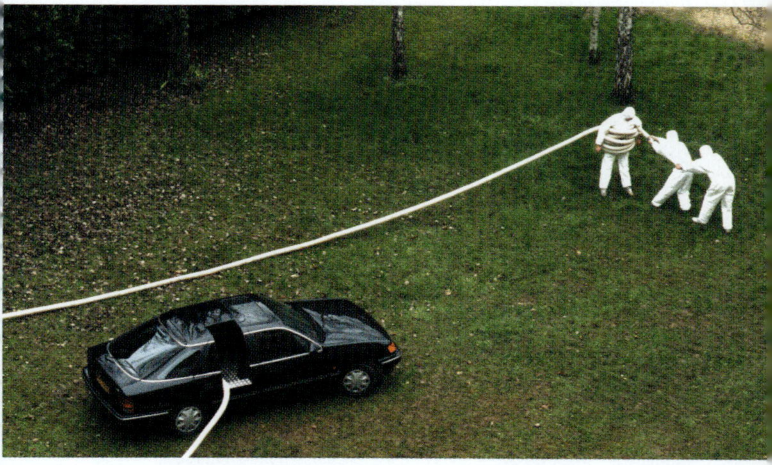

Denis Pondruel, ***Poncif habitable***, Ford Scorpio avec flanc droit découpé et cavité aménagée, Dijon, mars 2001. Travail avec des étudiants de l'École d'art. Photographie et courtesy de l'artiste.
« La voiture est capable de transporter la cavité presque partout et de l'installer au centre de toutes sortes de scènes (...). En particulier, on peut placer le trou dans des endroits où la réalité est très démonstrative, très soulignée. Dans ces lieux-là, le trou pourra se comporter à la manière d'une chambre d'asile à la fois enveloppée dans le paysage et en retrait » (Denis Pondruel).

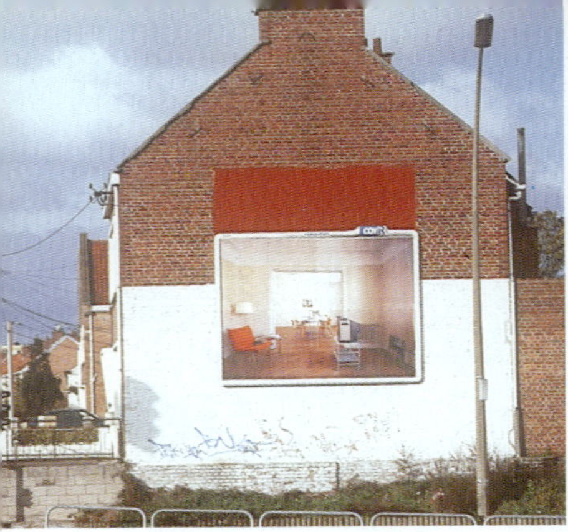

Miriam Bäckström, ***Appartements*** (détail), 2000-2001, affiche, Dunkerque.
Production et collection du FRAC Nord-Pas-de-Calais.
Photographie : Émile Watteau.
Des intérieurs photographiés à Stockholm sont exposés sous forme d'affiches dans le nord de la France. L'espace intime s'ouvre sur l'espace public, un lieu géographique en rencontre un autre, qu'il vient contaminer.

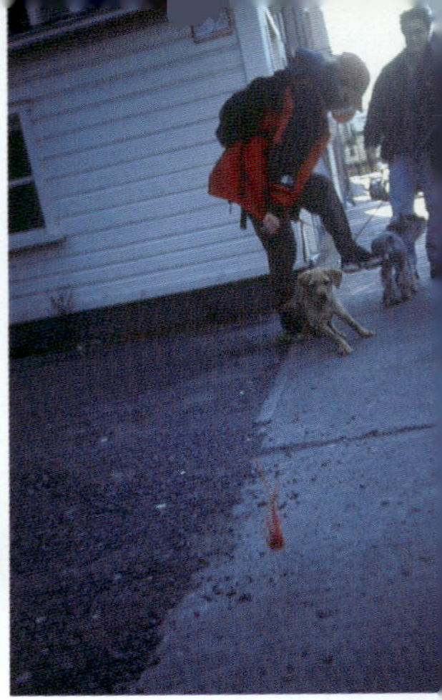

Patrice Loubier, ***Sans titre (le fil rou***
fil à coudre rouge déroulé dans Québ
4 octobre 2000.
Photographie et courtesy de l'artiste.
La discrétion : l'œuvre ne se voit pas mais occupe l'espace, elle y crée une perturbation infime mais réelle.

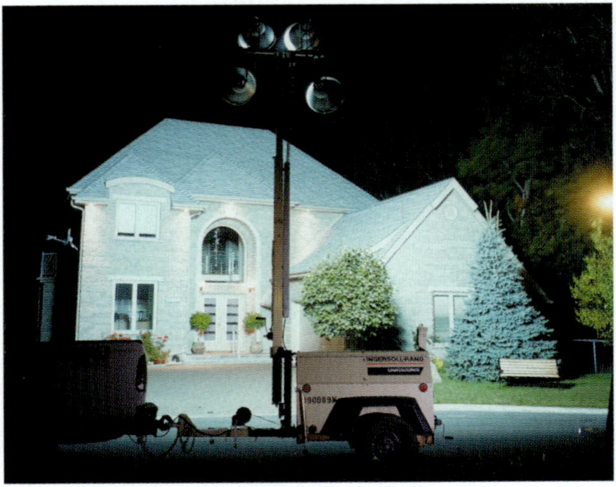

Alain Declercq, ***Welcome Home, Boss***, 2000-2001.
Éclairage urbain, divers lieux.
Courtesy galerie Loevenbruck, Paris.
Choisir au hasard une demeure, la nuit, braquer sur sa façade des projecteurs surpuissants. Une esthétique radicale de l'impact – ici, l'accentuation du sentiment d'insécurité.

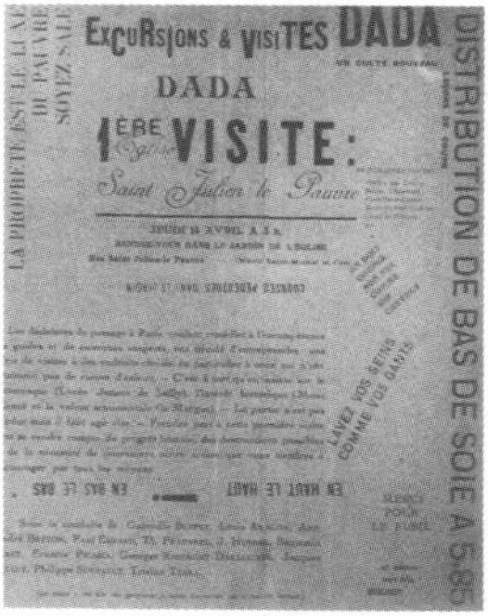

André Breton, ***Ire Visite***,
église Saint-Julien-le-Pauvre, Paris, 1921.
Coll. G. et L. Silverman.

André Breton et quelques dadaïstes se donnent rendez-vous dans ce lieu qui « n'a absolument pas de raison d'exister », dit Breton. La ville comme territoire à arpenter et à explorer.

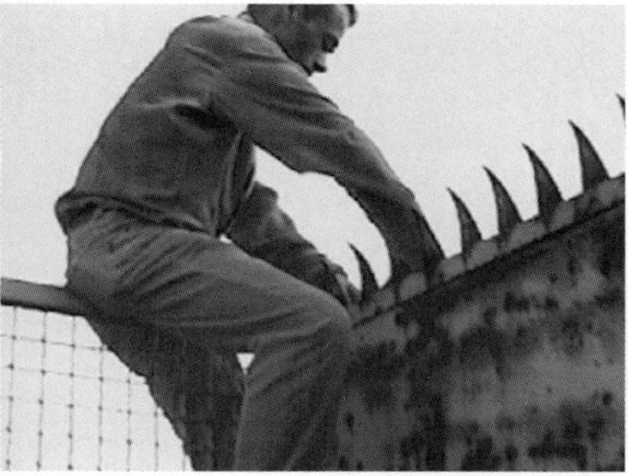

Laboratorio di Arte Urbana Stalker, ***Franchissement***, Rome, valle dell'Aniene, 5 sept. 1995, pendant la transurbance menée à Rome intitulée *Stalker à travers les territoires actuels*.
Courtesy Stalker (www.stalkerlab.it).
Le Laboratoire d'art urbain Stalker, dans les années 1990, multiplie les actions de « franchissement ». Une forme radicale de réappropriation de l'espace de la ville réalisée dans le cadre de marches collectives.

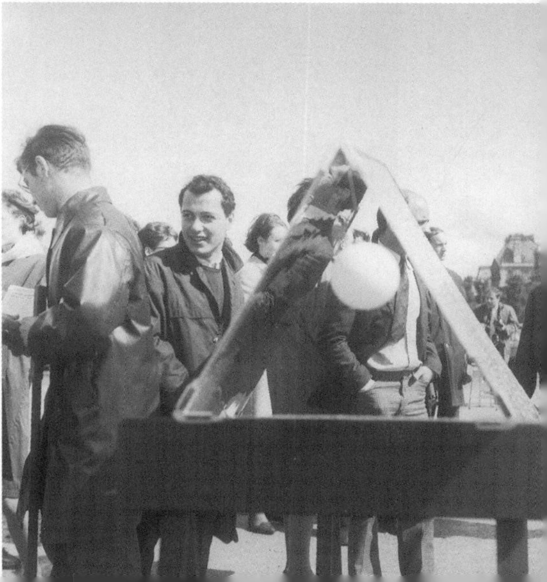

GRAV, ***Une journée dans la rue*** avec vue sur *Kaléidoscope* (1964) de Joël Stein, Paris, Jardin des Tuileries, 1966.

L'œuvre d'art utilisée comme formule ludique ou comme occasion d'expérimentation sensorielle, à même la rue.

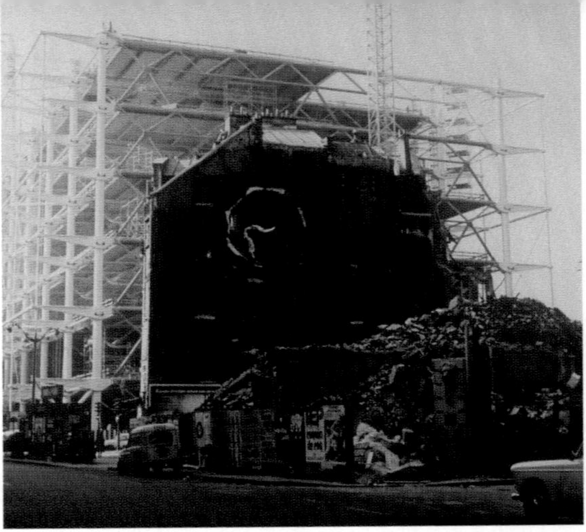

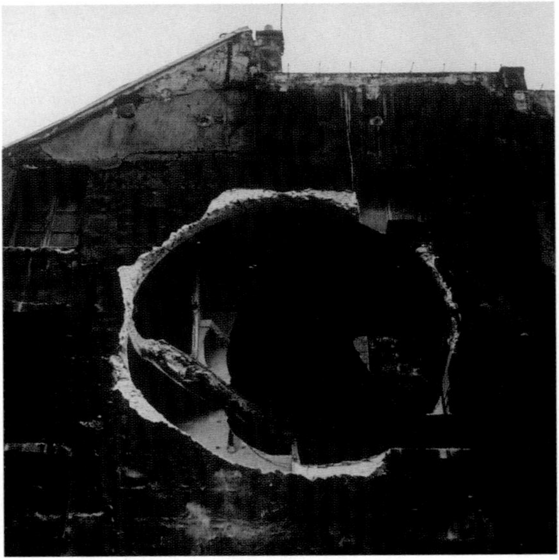

Gordon Matta-Clark, ***(Sans titre) Sous-titre : Process***, 1975.
Centre Pompidou-MNAM-CCI, Paris. Photographie : Philippe Migeat.

Intervention dans l'espace urbain lors de la construction, à Paris, du centre Georges Pompidou, dans le quartier Beaubourg. Matta-Clark, initiateur de l'« anarchitecture », met en exergue les mutations urbaines et leur pouvoir de qualification des espaces de vie.
De haut en bas : *Process, Detail End.*

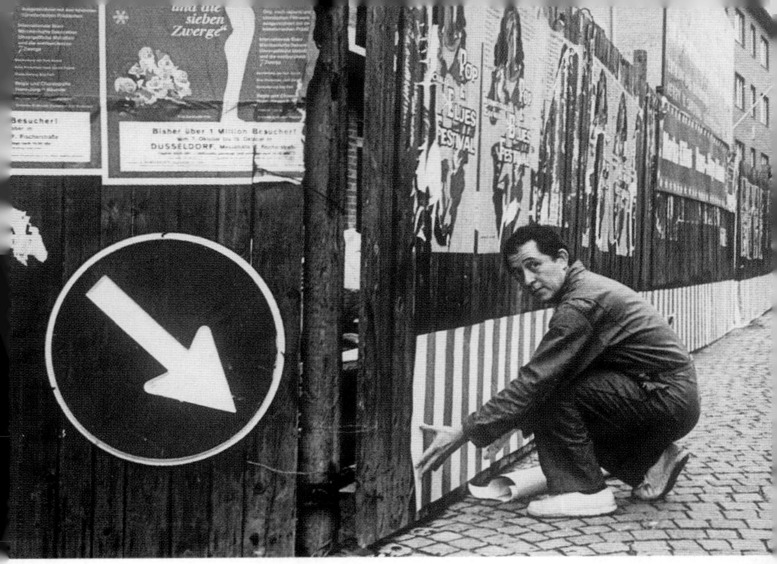

Daniel Buren, Düsseldorf, 1969.
Photographie : Angelika Platen. Série des portraits d'artistes.

Daniel Buren collant son travail sur une palissade de chantier lors de l'exposition Prospect *à Düsseldorf.*

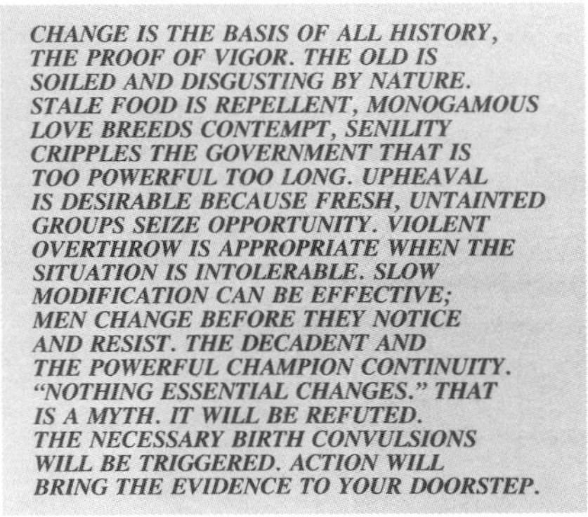

Jenny Holzer, ***Truisms***, 1988.
Centre Pompidou-MNAM-CCI, Paris.
Photographie : Philippe Migeat.

Jenny Holzer utilise les déroulants électroniques pour exposer à même l'espace urbain des formules convenues : « L'amour c'est beau mais c'est stupide », « Protège-moi de ce que je veux »... Confusion implicite mais calculée avec les messages publicitaires ordinaires.

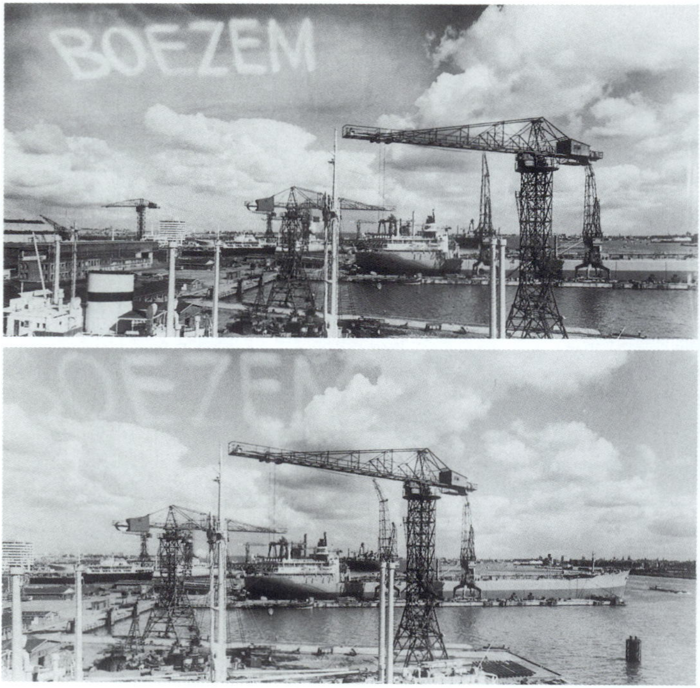

Marinus Boezem, ***Signing the Sky above the Port of Amsterdam by an Aeroplane***, 1969.
Collection musée d'Art et d'Archéologie, Toulon.
Photographie : Paul Hartland.
L'artiste s'approprie l'espace d'une manière aussi radicale que légère.

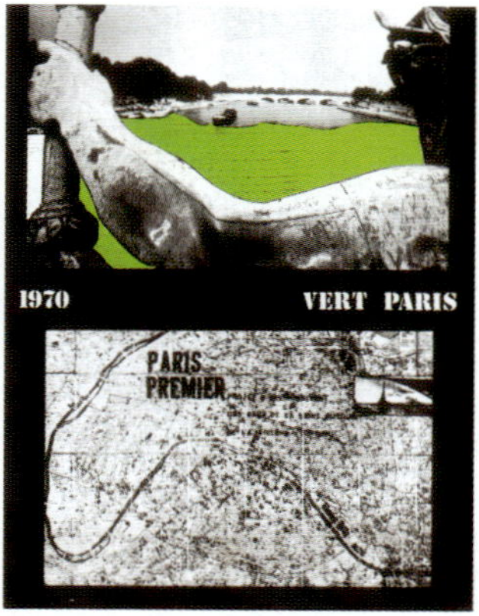

Nicolàs García Uriburu,
International Coloration of the Water. La Seine, Green Paris, 1970.
Courtesy de l'artiste.
Photographie : Jacques Damase.
Le vert, couleur de l'écologie, est utilisé par l'artiste pour teinter l'eau du fleuve.

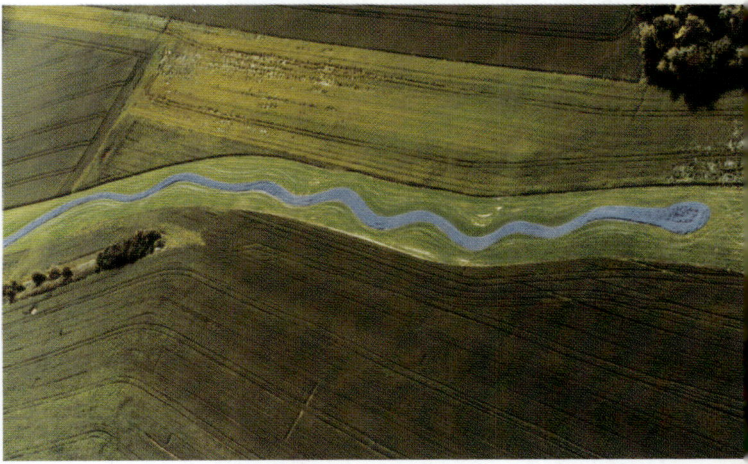

Jacques Leclercq-K, ***La Rivière de lin***, lin bleu, vallée du Friolet, Picardie maritime (France), longueur : 4 km, juin 1997.
Photographie et courtesy de l'artiste.

« Ce travail de dessin et de sculpture avec le vivant, la terre, les éléments, les cycles saisonniers prend en compte la nature physique du paysage rural dans sa diversité et ses contradictions : Dans ce contexte, l'art ne joue pas sur la nostalgie de paysages idylliques (…), l'œuvre tente de s'inscrire dans une démarche d'invention et de construction de l'espace agraire contemporain à travers un regard émerveillé et lucide » (Jacques Leclercq-K.).

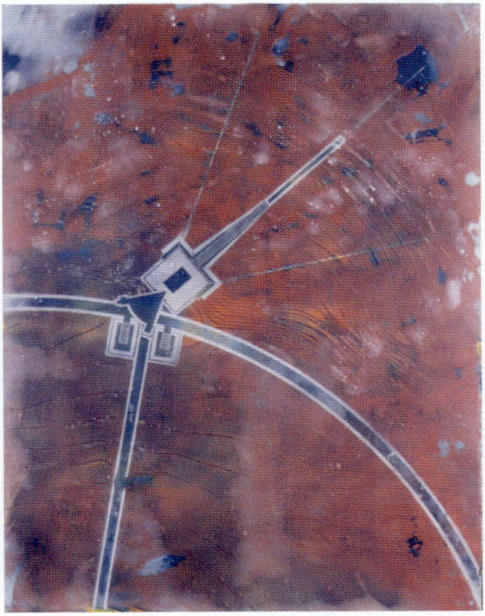

James Turrell, ***East Space***, 1993.
Dessin à l'encaustique, 50,5 x 63 cm.
Courtesy Galerie Almine Rech, Paris.
Photographie : Marc Domage.
Ce dessin représente le Roden Crater (Arizona), volcan éteint acquis par l'artiste en 1977 et aménagé en observatoire cosmique. Il est situé au nord-est de Flagstaff, dans le Painted Desert. De multiples galeries y ont été creusées, dont les tracés ont été établis par l'artiste en fonction de repères astronomiques.

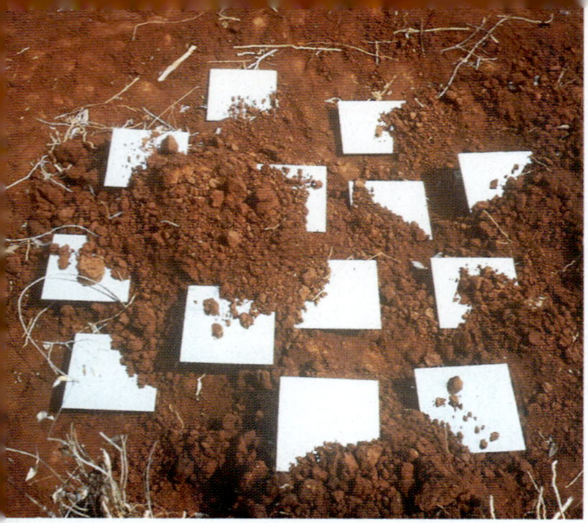

Robert Smithson, ***Yucatan Mirror Displacement***, avril 1969. Yucatan, Mexique. © Estate of Robert Smithson / Licensed by VAGA, New York. © ADAGP, Paris, 2002. *Investir la nature en marchant et, chemin faisant, en démultiplier le paysage par l'installation de miroirs.*

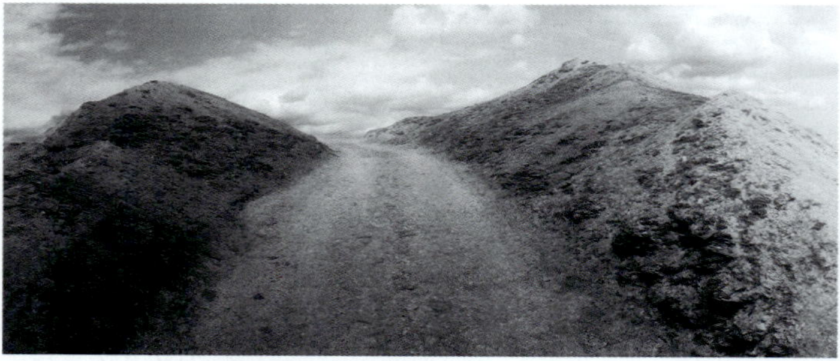

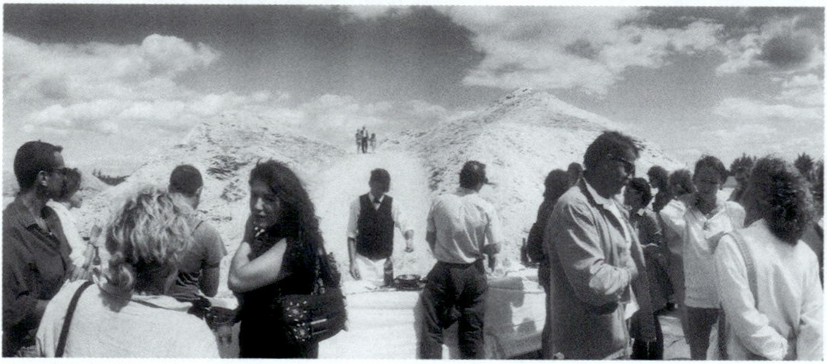

Jean-Daniel Berclaz, ***Codognan***, 2001, série *Musée du Point de vue*. Photographie : J.-D. Berclaz . © Musée du Point de vue.
« Inventeur du premier musée virtuel/réel, Jean-Daniel Berclaz a entrepris de développer une approche de l'œuvre singulière qui, si elle aboutit à une exposition, prend pour matériaux de base les images enregistrées lors de vernissages de points de vue » (Jean-Louis Poitevin, *Papiers libres-Art contemporain*, ESCA, Revue publiée avec le concours du Centre national des lettres du Languedoc-Roussillon, 2001, p. 22).

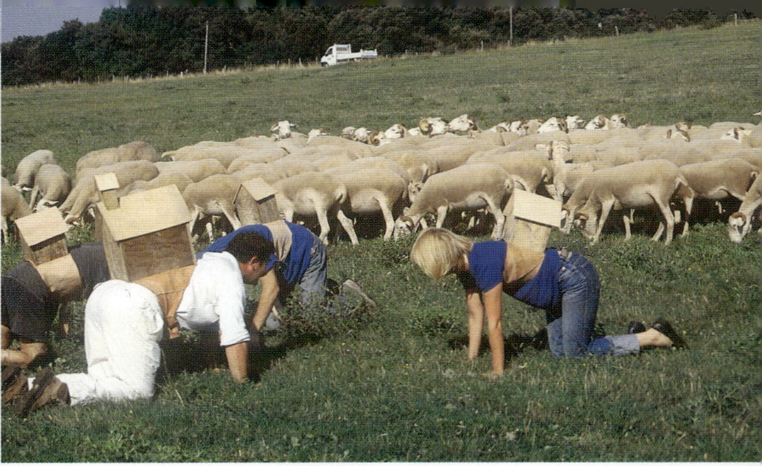

Olivier Leroi, ***Les Moutons***, Montolieu (France), été 1999, action et vidéo.
Courtesy et photographie de l'artiste.
« Il s'agissait au départ de faire un film sur la notion de transhumance, le troupeau devait arriver de loin dans un chemin. Puis peu à peu le village, fixé sur le dos de quelques animaux, devait apparaître sur cette marée moutonneuse. Trop habitués à la liberté, et malgré notre patience, les moutons refusaient qu'on leur sangle les maisons sur le dos. Le projet se transforma, et nous en moutons, par la même occasion » (Olivier Leroi).

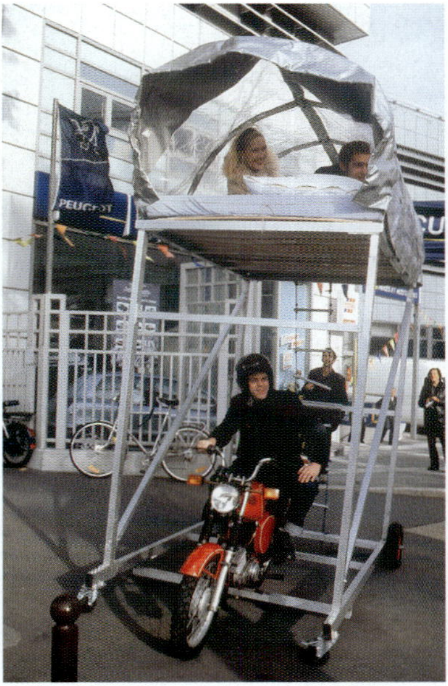

Carsten Höller, ***Booster***, 1995.
Courtesy Air de Paris
et Schipper & Krome.
Moto surmontée d'une structure abritant un lit double (exposition *Propos mobiles*, Paris 10e, association Projet 10, commissariat de Denis Gaudel).

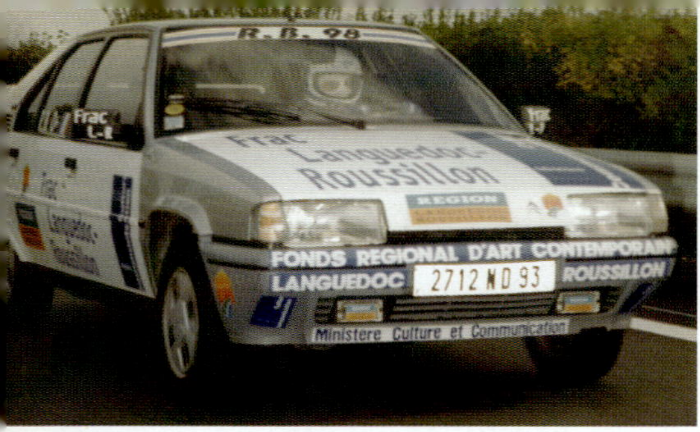

Raphaël Boccanfuso, ***Avec tous mes remerciements***, édition 2000.
Courtesy R.B. Mécénat.
Pour valoriser sa société de sponsoring, qui travaille à sa promotion d'artiste, Raphaël Boccanfuso utilise une Citroën BX décorée qu'il déplace devant les lieux de vernissage ou autre part.

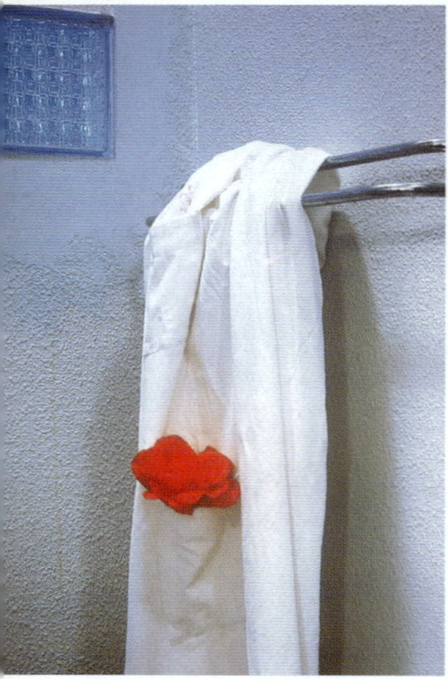

Michel Séméniako, ***Image négociée avec les patients du pavillon psychiatrique de l'hôpital de Poissy*** *(Yvelines)*, 1983.
Travail réalisé à l'invitation de l'association Le Cheval Bleu, dans le but de dénoncer les mauvaises conditions d'internement en secteur psychiatrique.
Courtesy agence Métis.
« Il s'agissait pour moi, en impliquant les patients comme co-auteurs d'une image énoncée comme un autoportrait, d'affirmer leur identité et leur imaginaire (…). Ce statut de co-auteur excluait l'utilisation thérapeutique ou socio-culturelle de ces images » (Michel Séméniako).

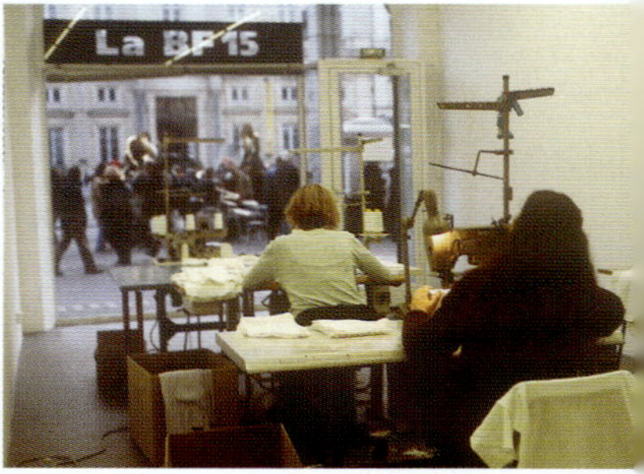

Ingrid Luche et Franck Scurti, ***LAPS***, 16 nov.-15 déc. 2001.
La BF15, Lyon.
Détail : Patricia et Marlène.
Courtesy Ingrid Luche.
Photographie : Martine Molès.
« Du 16 novembre 2001 au 5 janvier 2002, les activités de la galerie associative La BF15 à Lyon sont temporisées par la mise en œuvre d'une structure de production : la création et le fonctionnement à durée déterminée d'un atelier de confection. Recrutés par petites annonces dans la presse locale et à l'ANPE, des ouvriers-textile réalisent durant le temps de l'exposition des tee-shirts bon marché. La production journalière de tee-shirts est rythmée par la sélection d'un dessin de presse » (Ingrid Luche et Franck Scurti).

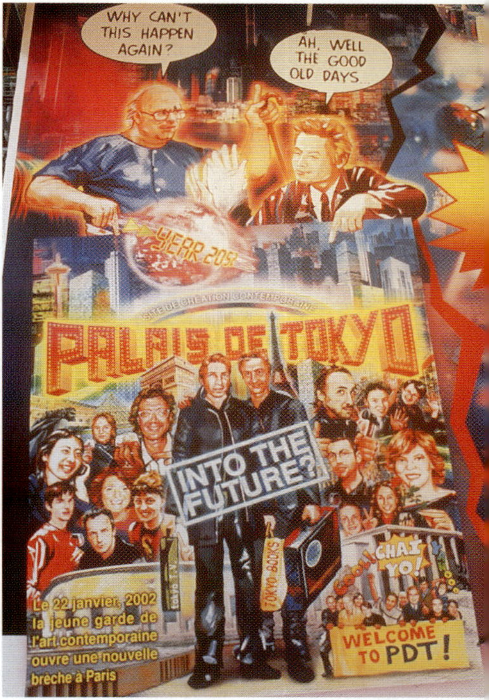

Navin Rawanchaikul, ***SUPER(M)ART*** (détail), techniques mixtes, Palais de Tokyo, Paris, 2002. Courtesy Palais de Tokyo-Site de création contemporaine, Paris. Photographie : Marc Domage. *SUPER(M)ART prend pour point de départ une publication du Palais de Tokyo, « Qu'attendez-vous d'une institution d'art du XXI*[e] *siècle ? ». L'artiste élabore une vaste fiction se situant en 2052, alors que le monde de l'art s'est commué en industrie culturelle à fins distractives. Théoriciens, artistes, institutionnels sont invités par l'artiste à donner leur point de vue.*

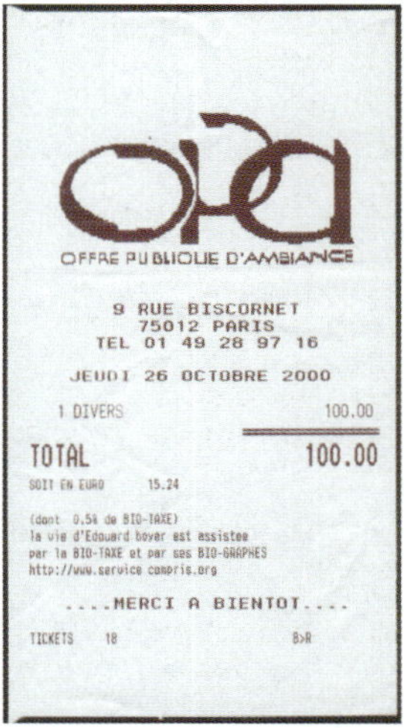

Édouard Boyer, ***BIO-TAXE***, détail (coupon d'une des sociétés impliquées dans l'opération), 1999. Courtesy de l'artiste. *La BIO-TAXE est un prélèvement correspondant à 0,5 % du chiffre d'affaires d'une entreprise. Elle est versée à Édouard Boyer à seule fin qu'il « vive sa vie » en échange de… rien. L'artiste n'est pas considéré comme une force de travail, mais davantage comme une force de vie. L'art mis au rang d'un parasitisme militant ?*

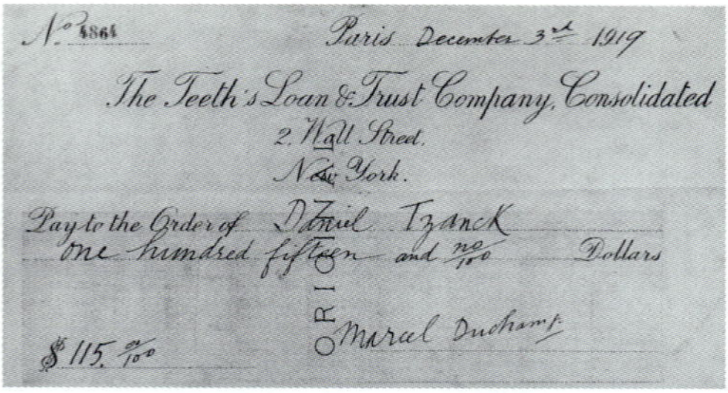
No 4864 Paris December 3rd 1919

The Teeth's Loan & Trust Company, Consolidated
2, Wall Street.
New York.

Pay to the Order of Daniel Tzanck
one hundred fifteen and no/100 Dollars

ORIG
Marcel Duchamp

$115. 00/100

Marcel Duchamp, ***Chèque Tzanck***, 1919.

Jouer avec la valeur et le monde matériel. Au moment de régler son dentiste, Daniel Tzanck, Duchamp fabrique un chèque : « J'ai demandé la somme, et j'ai fait le chèque entièrement de la main, j'ai mis longtemps à faire des lettres, à réaliser quelque chose qui ait l'air imprimé, ce n'était pas un petit chèque. Et j'ai racheté ce chèque, vingt ans après, beaucoup plus cher que ce qui était marqué dessus. »

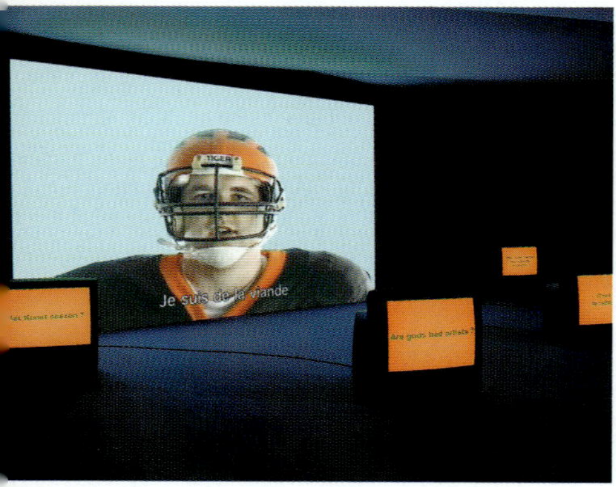

Sylvie Blocher, ***Living Pictures / Are you a masterpiece ?***, installation vidéo, 1999.
Avec l'équipe de football américain les Tigers.
Courtesy Galerie Art & Public, Genève. Crédit photographique : Aurélien Conty.
« Les Living Pictures *sont des films vidéo tournés avec des personnes que je rencontre aux quatre coins du monde par annonce ou parfois grâce à la médiation d'un musée. Lorsque les personnes brisent le statisme de l'image, dû à leurs émotions, c'est-à-dire lorsqu'elles s'abandonnent, on dirait de la photographie qui se "mettrait à parler" (...). Elles ne jouent plus, elles sont. (...) Concentration extrême d'un temps intérieur impossible dans la réalité..., et une singularité radicale »* (Sylvie Blocher).

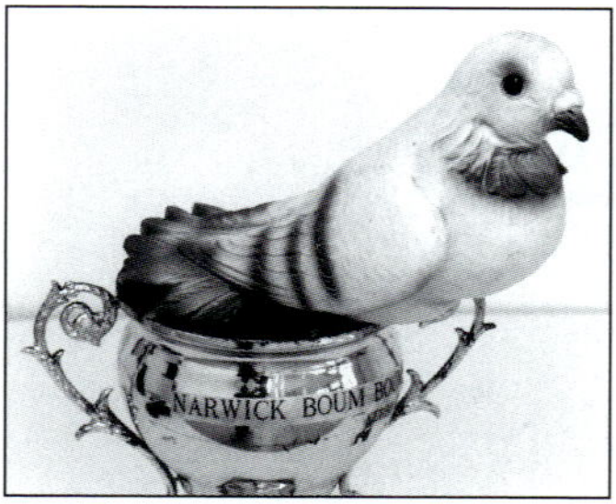

Jean Kerbrat, ***Calais-Kerbrat – On gagne au change !***, détail, Le Channel Scène nationale, Calais, 1999. Courtesy Le Channel.
L'artiste restitue modifié, à son propriétaire, un objet que celui-ci lui a confié le temps de l'exposition. « L'objet déposé par chaque particulier dans le cadre de l'exposition de Jean Kerbrat subira une transformation et sera soumis à un acte artistique (...). Le résultat final et la transformation opérée font partie de la règle du jeu » (extrait de l'annonce passée dans la presse locale avant le début de l'opération).

Cette difficulté s'accroît lorsque l'artiste s'empare de la nature pour l'utiliser à ses fins propres : « Il m'est apparu que s'il était vrai que de très nombreux artistes n'avaient cessé (...) de multiplier et diversifier leurs modes d'approche du milieu naturel, il était cependant impossible de dégager une “idée de nature” qui leur soit commune. » Prévaut plutôt, pour Colette Garraud, « l'extrême diversité des attitudes, de la recherche d'une relation fusionnelle chez Hamish Fulton (“Être dans la nature est une religion directe”), du respect écologique chez Andy Goldsworthy (“Je travaille avec une feuille sous l'arbre sous lequel elle est tombée”), à l'affrontement prométhéen avec un environnement hostile chez Smithson (“La Terre, sujette au cataclysme, est un maître cruel [1]”), de l'ironie distanciée d'un Paul-Armand Gette à la restauration d'une relation magique au monde sur le modèle chamanique chez Beuys. Sans parler des nombreux artistes qui sont sortis des ateliers, poussés bien moins par un quelconque désir de retour à la nature que par des raisons d'ordre formel – recherche de nouveaux supports – ou par le rejet des circuits marchands atelier-musées-galeries [2] ».

1. Une citation de Smithson empruntée à l'écrivain Malcolm Lowry.

2. Colette Garraud, *L'Idée de nature dans l'art contemporain*, Paris, Flammarion, 1994, dans l'étude consacrée à l'œuvre de François Méchain, *La Rivière noire*, s. d. (document aimablement communiqué par la galerie Michèle Chomette, Paris).

Mieux que décorer la nature, y trouver sa place

Une fois l'artiste hors les murs, une fois le paysage saturé des villes derrière lui, c'est tout un monde, différent, qu'il lui est à présent loisible de pénétrer. Celui de la nature habitée, ce monde de la ruralité et du paysage dessiné par la main de l'homme [1]. Celui de la nature abîmée, aux plaies ouvertes, massacrée par le cataclysme, l'accident naturel, ou par l'intervention anthropique. Celui de l'espace sauvage, jamais foulé ou à peine, univers stupéfiant des sommets, des lacs, des mers, des déserts, des jungles. *Mon ombre projetée dans l'infini au sommet du Stromboli lors du lever du soleil le 6 août 1965* : Giovanni Anselmo se tient debout, à flanc de volcan. Il n'y a plus qu'un homme au monde, et le monde avec lui. Pour sceller cette union cosmique, il suffit d'un geste : monter, s'éloigner, s'installer là, les semelles sur la lave refroidie et la poussière des scories, dans un périmètre d'exception

1. Comme le relève, à propos de la ruralité, Sonia Pelletier, « l'une des plus grandes différences entre l'urbanité et la ruralité est sans doute le rapport avec la nature et le patrimoine humain qui, dans le milieu rural, semble beaucoup plus communautaire et se rattache à une certaine identification au social » (dossier « Pratiques urbaines », *Esse*, n° 42, *op. cit.*, p. 22). Ce qui n'est évidemment pas le cas de la ville, suggère en creux cet auteur. Le monde urbain, c'est celui d'une communauté mouvante, en voie de reformulation constante, où le patrimoine s'accumule ou se dérobe en fonction des politiques culturelles. Ce milieu instable ajoute la profusion des images, des signes, des emblèmes, de la publicité aux annonces ou à l'affichage de la raison sociale des entreprises. Lieu de la plus extrême concentration (des personnes, des pouvoirs, des signes) que n'est pas, à l'évidence, le milieu rural.

où l'homme peut enfin prendre le temps de s'arrêter, de figer son ombre sur le poumon volcanique, de respirer de concert avec la terre dans la lumière du jour qui monte – le temps de retrouver ce qu'il y a en la nature d'absolument *physique*[1].

La pénétration de la nature par l'artiste n'implique en rien des gestes complexes ou une quelconque démonstration de force. Ce registre demande néanmoins qu'on distingue artistes « décorateurs », qui utilisent la nature comme tableau ou comme espace d'installation, et authentiques artistes contextuels, qui investissent d'abord le lieu pour lui-même et n'entendent pas l'instrumentaliser à seule fin d'en obtenir un effet esthétique. Christo et Jeanne-Claude, entre les années 1970 et l'an 2000, interviennent à plusieurs reprises dans le paysage naturel, installant ici un long rideau entre deux collines (*Curtain Valley*, Colorado), entourant là des îles d'un feston de toile rose (*Surrounded Islands*, à Miami), plantant ailleurs plusieurs centaines de parasols programmés pour s'ouvrir au même instant de part et d'autre de l'océan Pacifique (*Umbrellas*, États-Unis, Japon). Ces réalisations forcent le respect, ne serait-ce que par l'énergie qu'il a fallu dépenser pour les réaliser et pour en faire admettre le principe. Elles suscitent aussi l'émerveillement, tant leur caractère insolite se double d'une incontestable puissance de séduction, qui doit beaucoup à une parfaite maîtrise de l'économie du spectacle. De son côté, Marinus Boezem se contente de *signer* un polder néerlandais devant quelques amis réunis pour la

1. Sur G. Anselmo et, plus généralement, le mouvement de l'*arte povera*, dont les liens avec la nature sont intenses, voir Maïten Bouisset, *Arte povera*, Paris, Éditions du Regard, 1994.

circonstance. Le geste est simple : il a suffi qu'il se baisse, puis trace son nom dans la glaise. Ce faisant, Boezem s'approprie l'espace de manière symbolique. Il l'occupe de même que l'espace prend place en lui. Geste sobre mais suffisant. Si l'art est expérience, s'expérimenter, soi, en tant que sujet, c'est-à-dire en tant qu'être se confrontant à l'espace et au temps, est un geste primordial.

Intégrer l'espace et le temps de la nature et s'y projeter, en quête d'une perspective fusionnelle… Décorer la nature, l'orner, de telles pratiques, sans doute, permettent de s'en rapprocher. Jean Vérame, Jean Clareboudt, François Méchain… se servent de l'élément naturel, qu'ils ouvragent sur site pour faire de subtils tableaux, ou des installations de matières naturelles donnant parfois lieu à des compositions photographiques qui en prolongent l'existence (dès 1966, Vérame peint des rochers ou colorie des cours d'eau). Jacques Leclercq-K. plante dans le paysage picard une magnifique *Rivière de lin* (vallée du Friolet, 1997), serpent de couleurs cheminant dans la campagne et dont la durée se résume au cycle biologique de la croissance de la plante utilisée, le lin. Comme le dit l'artiste, « ce travail de dessin et de sculpture avec le vivant, la terre, les éléments, les cycles saisonniers prend en compte la nature physique du paysage rural dans sa diversité et ses contradictions : uniformisation du parcellaire, déprise des terres et tourisme rural, agro-industrie ». Dans ce contexte où « l'art ne joue pas sur la nostalgie de paysages idylliques », il s'agit bien, « à travers un regard émerveillé et lucide », de « s'inscrire dans une démarche d'invention et de construction de l'espace agraire contemporain »[1]. De telles œuvres, qui ont pour

1. Extrait d'une correspondance privée avec l'artiste.

vertu de réconcilier l'homme avec tel ou tel écosystème, se justifient d'office. L'important, c'est que l'artiste finisse par trouver sa juste place, qu'il passe ou non par ce stade d'une décoration. Richard Long admet trouver dans l'installation minimaliste de matières naturelles ou dans certains gestes effectués en milieu naturel de quoi assouvir sa créativité : empilage de pierres ou de branchages (*Circle in Africa*, 1978), tracés géométriques obtenus sur la roche du désert en y réitérant son passage, ses pas (*A Line Made by Walking*, 1967). Pourquoi faire plus ? Dennis Oppenheim travaille la neige à la pelle ou au moyen d'une motoneige, crée des tracés sans avenir durable, « ne construit pas dans la masse [mais] dessine [1] », comme le précise Jean-Marc Poinsot. Quant à Hamish Fulton, adepte dès 1971 du « No Walk, No Work » (« … depuis 1971, j'ai fait 93 marches – quelques-unes longues, beaucoup de courtes – totalisant 8 290 miles [2] », déclare-t-il en 1981), il établit au terme de longues randonnées des relevés, consigne des impressions de route, exalte le moment de la rencontre avec la nature dans des photographies ou des textes descriptifs qui vont se condenser en une mémoire. L'important ? La réalisation de l'être, et tant mieux si la nature et sa fréquentation assidue y concourent.

Fréquente dans les formes d'art contextuelles traitant de la nature, la pratique de la marche renseigne bien sur ce qu'il en est du rapport entre l'artiste et la nature. Ce rapport n'est pas donné d'emblée. Il s'agit plutôt de l'éprouver chemin faisant, ce qui inclut la possibi-

1. Jean-Marc Poinsot, *Sculpture/Nature*, cat. d'exposition, C.A.P.C., Bordeaux, 1978, n. p.

2. Cité par Colette Garraud, *L'Idée de nature…*, *op. cit.*, p. 127.

lité de le perdre sans le retrouver. Se déplacer, ce n'est pas seulement « déplacer » le lieu du simple fait de se déplacer, et l'« inscrire » du simple fait de s'y inscrire. C'est aussi déplacer de l'« être » (comme on dirait déplacer un matériau, de manière physique), reconfigurer sa propre essence en conjoignant corps du marcheur et territoire. Robert Smithson marche, lui aussi : à travers le Yucatan, en 1969, quelques semaines durant, il parsème des miroirs, démultipliant l'effet de paysage, en quête de sa place ou, pour reprendre le vocabulaire smithsonien, de son propre « site ». De cette expérience du paysage, il va tirer l'impression qu'elle procède du même élan que l'expérience du langage, paysage où l'on s'enfonce pour se chercher, langage qu'on explore pour trouver la juste équation de soi, la formule à même de nous fonder comme sujet [1]. À propos de cette expérience où la traversée du paysage retrouve celle des mots et sert pareillement de révélation au moi, Jean-Pierre Criqui déclare :

> « Il faut s'égarer dans le langage, au risque de perdre le sens (le centre), mais au risque aussi d'atteindre à l'art, ainsi que le fera remarquer à Smithson le dieu Tezcatlipoca, surgi d'une “fiction insondable” au cœur de la jungle du Yucatan : “Tu dois voyager au hasard, comme les premiers Mayas. Tu risques de te perdre dans les fourrés, mais c'est la seule façon de faire de l'art” [2]. »

1. Robert Smithson, « Incidents of Mirror-Travel in the Yucatan » (1969), *The Writings of Robert Smithson*, New York, New York University Press, 1979, p. 93 et suivantes.

2. Jean-Pierre Criqui, *Un trou dans la vie – Essais sur l'art depuis 1960*, Paris, Desclée de Brouwer, 2002, p. 87.

Entre l'arrêt sur paysage, prélude au geste décoratif, et la déambulation exploratoire qui voudrait ne pas finir, il y a sans conteste une différence d'approche du cadre naturel. Appropriation dans un cas, traversée dans l'autre. Option paysagiste ici, et là option de l'aventure. Qu'il s'agisse d'y mener une expérience mettant en jeu la sensibilité, la beauté ou la confrontation inédite, importent surtout le paramètre de la juste place et l'hypothèse que l'artiste se révélera apte à trouver cette place pour peu qu'il fouille le cadre naturel. L'art en milieu naturel implique toujours le repérage et, en amont de celui-ci, la visite et la fouille physique du paysage. Il est déterminé par le sentiment d'un inaccomplissement topologique de l'être (je ne suis pas dans le lieu où je devrais être) doublé d'une propension à un nomadisme anxieux, à la recherche d'une terre promise (où devrais-je être, sinon dans un lieu de qualité osmotique qui me permettrait de me retrouver, de sentir que mon être participe pleinement de ce monde ?). Plus que comme objet, c'est en termes de *locus* mais aussi d'espace *potentiel*, de *topos*, qu'il s'agit d'appréhender la nature. Comme milieu « propice à », à même de développer chez l'artiste telle ou telle dimension. Christophe Domino, dans un essai aussi sobre que passionnant [1], montre combien le rapport de l'artiste à la nature est ciblé, et comment il aborde celle-ci au terme d'un choix. Développant une expression qui sonne juste, « l'art à ciel ouvert », l'auteur écrit que l'œuvre d'art « s'y adresse à un espace réel, re-disposé sur des échelles nouvelles, dans des hiérarchies autres. Et choisit son contexte, son site,

1. Christophe Domino, *À ciel ouvert*, *op. cit.*

son lieu ». En l'occurrence, « le rêve d'élargissement de l'art vers la vie, thème récurrent qui traverse la modernité artistique, trouve là un de ses triomphes : l'œuvre d'art peut réellement partager l'espace du vivant et occuper toutes les échelles, du microcosme au macrocosme. Elle peut se perdre dans l'inframince, selon le mot de Duchamp, se réduire au geste, à la trace, ou se mesurer à la dimension du paysage, voire tâter des dimensions cosmiques »[1]. Autant d'occasions de connexion à la nature qui ne sauraient s'éprouver sans que l'artiste ne recherche avec obstination un lieu adéquat ou favorable à leur éclosion.

La nature instrumentalisée ?

Herbert Bayer, ancien collaborateur du Bauhaus, expose autour de 1960, à Aspen (Colorado), divers travaux engageant directement la plastique naturelle, notamment une butte de terre circulaire recouverte de gazon. Nobuo Sekine, avec *Phase Terre*, en 1968, dans le parc Suma Rikyu de Kobé, exécute un acte artistique radical, quoique d'une extrême simplicité technique : il creuse un trou, édifie une tour cylindrique avec la terre retirée du sol, puis rebouche ce trou avec la même terre une fois l'exposition terminée[2]. À peine plus tôt, en 1967, Claes Oldenburg s'est adonné lui

1. *Ibid.*, p. 11.

2. Nobuo Sekine est affilié au groupe Mono Ha (terme que l'on peut traduire par « école des choses »), dont l'activité artistique met l'accent sur les formes primitives, organiques ou d'origine naturelle.

aussi à un travail d'excavation, moins monumental toutefois. Il ouvre dans le sol de Central Park, à New York, un trou de six pieds de long sur trois de large, d'une profondeur de six pieds, également bientôt rebouché. Même attrait pour les travaux de chantier avec Robin Page, lors du Destruction in Arts Symposium de Londres, en 1966 : devant les spectateurs, l'artiste, revêtu d'une combinaison en aluminium, avec sur la tête une lampe de mineur, creuse dans la terre un trou.

Cette inflexion vers une sculpture « négative », pour reprendre les termes du sculpteur minimaliste Carl Andre, on la retrouve dans de nombreux *earthworks* de la grande période, celle des années 1965-1980. *Double Negative*, de Michael Heizer, sculpture réalisée en 1969-1970 à Virgin River Mesa (Nevada), en constitue une expression limpide : exposition simultanée de la roche arrachée à la nature, dont l'artiste se sert pour élever la forme sculptée, et du trou qui résulte des travaux d'excavation. Ici, l'homme n'ajoute pas, ne retranche pas. Il modifie. À la différence des travaux décoratifs, où l'on utilise la nature comme une scène de théâtre ou un intérieur domestique, voire comme un corps qu'on vêtirait de nouveaux habits qui en changent l'apparence, la sculpture négative récuse le principe du décorum. Est-elle pour autant contextuelle ? Oui, si l'on considère que c'est le lieu, jamais choisi au hasard, qui dicte à l'œuvre ses qualités morphologiques : densité, matériau, volume, résistance, couleur, etc. Non, si l'on voit dans ce type de réalisation une énième déclinaison de l'« antiforme » chère à Robert Morris, principe qui s'exprime dans des sculptures se voulant absolument libres de s'incarner dans toutes les matières possibles et dans tous les matériaux imaginables, y compris non artistiques a priori, de la fumée (Robert Morris) au gaz rare indétectable (Robert Barry), des bulles de savon (David Medalla) à l'eau des fleuves (Klaus Rinke), de la graisse et du feutre (Joseph Beuys) à la mousse de polyuréthane liquide (César) [1]. La nature en tant que cadre ne serait alors rien de plus qu'une forme actualisée et élargie de l'atelier traditionnel, et la terre travaillée sur site, ce matériau qui vient remplacer l'argile, le marbre ou le métal, le temps de passer à autre chose. Le Land Art ou *Earth Art,* formule « étendue » de la sculpture, selon le mot de Rosalind Krauss, demeure du coup l'une des catégories de la sculpture moderne, pour la circonstance la plus emphatique et la plus monumentale qui se puisse trouver [2].

Bien des réalisations référencées Land Art n'ont en fait rien de contextuelles. Il arrive qu'elles usent de la nature d'une manière très arbitraire, autoritaire, qu'elles lui imposent un artefact plutôt qu'elles n'opèrent de concert avec elle. En 1969, dans la banlieue de Rome, Robert Smithson réalise *Asphalt Rundown* : de la benne d'un camion s'écoule, sur la pente à fort pourcentage située à l'aplomb du véhicule, du goudron chaud. La matière résiste à la gravité et s'accroche. Effets produits par l'œuvre, la salissure et la pollution. De quoi compromettre la recherche de Smithson et son souci de l'« informe », visant à définir les

1. Concernant l'« antiforme », on renverra à l'article éponyme de Robert Morris dans *Artforum*, VI, avril 1968.

2. Sur ce débat qu'on ne peut trancher ici, voir Gilles Tiberghien, *Land Art*, Paris, Carré, 1994, consacré aux seuls artistes américains, qu'on complétera par Colette Garraud, *L'Idée de nature…*, *op. cit.*, p. 183, note 10, où l'auteur passe en revue diverses analyses sur le Land Art.

rapports de l'art et de l'entropie[1]… Esquivant les termes d'une réciprocité où l'homme partage quelque chose avec l'ordre naturel, on opte ici pour le principe du dépôt, de la forme que l'on met là, version artistique du tas de détritus, la nature devenant dans le même temps cette excroissance *revisited* du musée évoquée plus tôt, réceptacle dont les murs se seraient évaporés mais qui aurait gardé ses caractéristiques traditionnelles, à savoir : un lieu assujetti à sa mission de bons offices consistant à accueillir, à mettre en valeur et à distinguer l'œuvre indépendamment de ce qui existe autour d'elle.

Désignant d'une manière commode les travaux artistiques réalisés dans l'espace naturel, le terme de *earthworks* mérite de ce point de vue de ne pas être généralisé pour peu qu'on l'envisage dans l'optique contextuelle. Lorsque Michael Heizer réalise ses *Double Negative* (autour de 1970), ou *Complex One/City* (1972-1976), prolongation de la sculpture minimale dans l'espace libre du désert américain, c'est bien de violence qu'il s'agit, d'une agression contre le paysage aboutissant à dresser celui-ci contre lui-même, à le déstructurer, à l'inscrire dans une logique culturelle qui l'annihile et en fait tout au plus une sculpture à l'échelle de la Terre[2]. Cet acte de découpe, d'une

1. *L'Informe, mode d'emploi*, cat. d'exposition (commissariat : Yve-Alain Bois, Rosalind Krauss), centre Georges Pompidou, Paris, 1996.

2. « Devant les travaux de Michael Heizer, relève ainsi Émilie Daniel, l'homme est décentré, il ne peut s'approprier ni l'espace ni la "sculpture". La violence de l'action sur la terre, nécessaire à la réalisation des œuvres, est un aspect important du travail, impliquant un recours à la technologie (bulldozers, dynamite) » (in *Dictionnaire de l'art moderne et contemporain*, dir. Gérard Durozoi, Paris, Hazan, 1993, p. 286).

violence toute humaine, c'est celui, non de l'ami de la nature ou de l'écologiste (qu'on le compare simplement à cette action où Gina Pane déplace des cailloux d'une zone d'ombre à une zone de lumière, à la seule fin de les faire profiter de la chaleur solaire, comme s'ils disposaient d'un système sensible), mais bien de l'humain tout-puissant, du démiurge apte à brasser la matière par milliers de tonnes au point de redistribuer les cartes de la topographie terrestre. Pour qui se bercerait encore d'illusions et voudrait voir dans le Land Art, une fois pour toutes, un hommage rendu, ainsi que le prétendait Robert Smithson, à l'espace « tellurien », il n'est que de rappeler les mots de Smithson lui-même, dont l'œuvre ultime, *Amarillo Ramp* (1973), achevée par ses proches après sa mort, prend la forme circulaire d'un remblais de hauteur croissante, accumulation plus abstraite que propice à susciter un rapprochement physique avec la matière naturelle, métaphore lisible de l'arrachement à la Terre (la rampe, au sens strict, d'où l'on décolle, à partir de laquelle on change de registre, du terrestre à l'idéal) : « L'art est fondé (...) non sur la création, mais sur la décréation, non sur la nature, mais sur la dénaturation [1]. » Que penser enfin, s'agissant d'interventions humaines violentes, susceptibles donc d'être interprétées comme déplacées, des travaux de type Land Art caractérisés par un désir de correction de l'ordre naturel ? Le collectif Akenaton, à Stefanaccia (Corse), entreprend de repeindre des arbres que le feu a brûlés (*La Mémoire du feu*, années 1990). Élie Cristiani, quant à lui, est à l'origine

1. Robert Smithson, « Incidents of Mirror-Travel in the Yucatan », *The Writings of Robert Smithson*, *op. cit.*

d'un projet d'orthodontie sur végétal, *Appareillage de redressement et d'organisation paysagère* (1994), projet finalement resté sans lendemain et dont la fonction attendue était de remettre à la verticale une ligne d'arbres couchés par les vents dominants balayant le site. L'artiste corrigeant la nature ? Difficile, au regard d'une telle option, de prétendre que la nature est saisie à sa mesure, telle que ses aléas l'organisent et la bouleversent, l'artiste se présentant dans ce cas comme un acteur *stricto sensu* contre nature. L'enfer, comme l'on sait, est pavé de bonnes intentions.

Esthétique de l'observatoire

Les pratiques artistiques contextuelles d'art appliquées à la nature ou au paysage ne manquent pourtant pas. Une des meilleures expressions en est la construction d'observatoires, structures dont la finalité simple est de permettre au spectateur l'observation de la nature pour elle-même, en fonction de ce qu'elle est. Qu'il s'agisse de Robert Morris (*Observatory*, 1977, à Oostelijk-Flevoland, Pays-Bas), de Nancy Holt (*Sun Tunnels*, 1973-1976, Great Basin Desert, Utah) ou de James Turrell (ce dernier aménageant depuis 1977 un volcan éteint, Roden Crater, dans l'Arizona, en complexe d'observation cosmique [1]), une même intention

1. Roden Crater est situé au nord-est de Flagstaff, en Arizona, dans le Painted Desert (un ancien territoire des Indiens Hopi). L'artiste l'a acquis en 1977 avec le soutien du Dia Center for the Arts à New York et celui du collectionneur Giuseppe Panza di Biumo. Outre des plates-formes d'observation, on y trouve de multiples galeries, l'ensemble se coordonnant en fonction de repères astronomiques.

dicte le geste artistique : se placer ou placer le corps du spectateur dans la position d'expérimenter la dynamique terrestre ou céleste. L'alignement des axes de l'observatoire est ainsi fonction, chez Morris et Holt, de la position du soleil au moment des solstices. L'œuvre résulte d'une adaptation aux conditions physiques, géologiques ou géodésiques dues à la localisation du site, site dont elle devient le reflet ou le faire-valoir.

Est-ce l'effet de leur cohérence à la fois pratique et symbolique ? Toujours est-il que les observatoires d'artistes, à partir des années 1970, deviennent monnaie courante. En font état, entre autres, *Paysage abstrait pour la solitude du touriste*, de Sylvie Blocher, réalisé en 1989, au Canada, ou encore le dispositif intitulé *Observatorium*, que Marinus Boezem installe en 1992 dans le massif alpin du Mont-Blanc, podium circulaire en granit surplombant un tertre artificiel et sur lequel l'artiste a gravé la voie lactée et le firmament septentrional. Ici, note Frans Jozef Witteveen à propos de cette réalisation où le spectateur se voit accueilli par une chaise longue Le Corbusier, « le visiteur semble invité à s'étendre et à se perdre dans la contemplation de la voûte céleste [1] ». La notion d'observatoire, en effet, est inséparable de celle de vision élective. Sur un observatoire, on ne se positionne jamais par hasard. Et ce qu'il permet de regarder n'est jamais anodin. L'observatoire, en creux, c'est l'instrument de l'élection, de la sélection, pour le meilleur du visible ; c'est en même temps

1. Frans Jozef Witteveen, « Panorama – Via Aurelia Antica », catalogue de l'exposition *Marinus Boezem*, chapelle du Genêteil, Château-Gontier, 2001, p. 3.

l'occasion de « questionner la spatialisation », estime avec justesse Jérôme Sans[1]. À travers l'observatoire se trouvent expérimentées l'inutilité du tout-voir et la préséance à donner au bien-voir – le beau, « ce qui vaut la peine d'être vu », pour reprendre les termes d'une expression courante. On sait les liens étroits qui unissent la peinture et la vision panoramique, cette coupe dans le paysage où n'est retenue que la fraction majeure, celle qui mérite le balayage ou la focalisation oculaires. Un observatoire d'artiste, c'est à peu de chose près l'offre d'un tableau, mais disposé dans l'espace naturel, au sein duquel l'artiste délimite un cadre dans une perspective d'agrément ou de réflexion sur le statut de la nature. La série *Emprunter le paysage*, que Daniel Buren installe durant les années 1980 sur le littoral japonais, adopte la forme de grandes structures carrées trouées de ronds qui surplombent la mer. Au passant curieux de ces installations, Buren propose une découpe du visible comparable à celle que délimite le cadre d'un tableau, et qui équivaut dans ce cas précis à celui d'un tondo, ce tableau circulaire en vogue à la Renaissance.

Envisagée dans l'optique du panorama, objectera-t-on, la notion de « paysage choisi » peut donner l'impression que l'artiste qui réalise des observatoires, tout bien réfléchi, instrumentalise la nature, fait du territoire un simple objet à exposer. L'artiste « panoramiste », aussi généreux qu'il semble, pourrait bien se révéler dépendant, otage lui aussi du conditionnement scopique symptomatique de la culture occiden-

1. Jérôme Sans, « Arbres de vie », cat. de l'exposition *Marinus Boezem*, Provincial Museum Hasselt, Belgique, 1995.

tale. Impossible, en l'occurrence, que ses représentations de l'espace naturel ne soient pas elles-mêmes soumises à un héritage dont il opère la relance et qu'il perpétue en demandant au spectateur de s'y frotter, amplification de sa propre aliénation. Concevoir des observatoires ou des structures de vision panoramique, pour l'artiste, a cet aspect positif : proposer un beau spectacle, en général unique, gratifiant pour l'œil, qui rend légitime la vocation oculaire de l'art en mettant en correspondance la vision éblouie du spectateur et ce visible grandiose qu'offrent à profusion les plus beaux sites naturels. Toutefois, ce genre de création ne va pas sans un inconvénient qu'a débusqué Augustin Berque : en n'exaltant qu'un fragment du paysage, le rapport à celui-ci est bridé. Le vagabondage de l'œil dans l'espace est interdit. Limitée à un seul de ses aspects, la réalité est quelque peu déréalisée, réduction consommée de son étendue concrète [1].

Jean-Daniel Berclaz, avec son *Musée du Point de vue*, semble avoir tiré les leçons d'une telle contradiction. Cet artiste suisse a choisi pour référent et thème de ses actions paysagères le vernissage d'exposition : le temps de l'inauguration, le temps de la rencontre, aussi. Or, ce qu'expose Berclaz, c'est le paysage que les spectateurs invités par l'artiste vont être conviés à regarder. En 2000-2001, Jean-Daniel Berclaz organise ainsi une quinzaine de rencontres sur des lieux chaque fois différents arbitrairement sélectionnés, pas forcément touristiques, et dont la principale particularité

1. Augustin Berque, *Les Raisons du paysage*, Paris, Hazan, 1995.

est de pouvoir offrir un panorama, une vue : lieu proche d'une côte marine (Salins-de-Giraud, près de Marseille, ou Raeire, dans le district de La Hague), espace alpin (Hafelekar Bergstation, en Autriche), berges fluviales (le Doubs à Besançon) ou encore un pont sur lequel s'installent les personnes conviées (pont de Fribourg, en Suisse). Jean-Paul Felley décrit ainsi la procédure propre à l'artiste, et l'organisation de ses expositions :

> « Dans un premier temps, l'artiste choisit deux lieux distincts, qui lui paraissent significatifs. Depuis ces deux points de vue très personnels, offrant souvent une approche inédite (…), il réalise deux photographies en noir et blanc. Celles-ci, imprimées recto verso au format 33 x 14,8 cm, puis pliées en deux, feront office d'invitation à deux vernissages successifs, inaugurant chacun les *Musées du Point de vue* en question. Dans un deuxième temps, les « visiteurs » découvrent – à la date des deux vernissages – l'emplacement de ces *Musées du Point de vue*. Musées éphémères qui ne prennent corps que le temps de leur vernissage. Deux serveurs en livrée ainsi que l'artiste en smoking reçoivent chaleureusement les invités. Une longue table couverte d'une nappe blanche, dressée sur un tapis coloré, est couverte de victuailles qui sont offertes au public. Pendant quelques heures, parfois le temps qu'une marée monte, les gens se rencontrent, se découvrent, tout en échangeant leurs points de vue sur tout ce qui fait le monde [1]. »

Ajoutons qu'ils sont amenés à regarder le paysage, bien sûr, tel qu'il se donne à voir, sous de multiples

1. Jean-Paul Felley, « Jean-Daniel Berclaz – Le musée du Point de vue », in *Art suisse*, janvier 2002, p. 33.

angles, et en prenant le temps, sans focalisation dirigée, en revenant parfois à eux-mêmes. Ainsi le paysage retrouve sa fonction ordinaire d'*environnement*, de milieu qui enveloppe la personne et où vivre ne consiste pas simplement à regarder le spectacle du monde. Inversion de la fonction classique de l'observatoire, avec lequel on ne peut que voir. Avec Berclaz, on voit, certes. Mieux encore, *on se voit.* Le point de vue sur la nature importe autant que l'intérêt que les spectateurs, unis pour un moment dans et par un environnement commun, s'accordent respectivement.

Usages multiples du paysage, écologiques comme critiques

L'utilisation contextuelle du paysage tient aussi lieu de revendication écologique, accent donné à l'art à partir des années 1970, et de la prise de conscience des lourds dégâts infligés à l'environnement par la pollution industrielle, automobile ou domestique, en plus du danger potentiel que représente le recours à l'énergie nucléaire. Dès les années 1960, en pionnier, Nicolas Uriburu colorise en vert, au moyen de produits chimiques non polluants, les estuaires de grands fleuves du monde entier – le Rio de la Plata, la Seine, l'Hudson River –, manière spectaculaire d'attirer l'attention sur la pollution maritime et l'impératif de sauvegarde des écosystèmes. À l'occasion de la Documenta 7 de 1982, Joseph Beuys, en une grande cérémonie écologique que soutient la Free International University, plante à Kassel sept mille chênes. De cette œuvre, intitulée sans autre formalité *7 000 chênes*, Beuys dit ceci, avec l'emphase qui le caractérisait :

> « Je pense que le fait de planter ces chênes n'est pas seulement un acte se situant dans la nécessité de la biosphère, c'est-à-dire dans le contexte écologique d'ordre purement matériel, mais qu'ici l'action de planter doit ouvrir sur une notion écologique plus vaste (...). Une telle action entend attirer l'attention sur la transformation de toute la vie, de toute la société, de tout le contexte écologique [1]. »

Le rêve de Beuys, habité par trop de positivité, beaucoup de naïveté et une croyance en l'utopie, ne se réalisera sans doute pas. Mais le thème écologique, avec la fin du XXe siècle, n'en reste pas moins une préoccupation artistique constante, et de premier plan. À Chicago, Dan Peterman met ainsi sur pied un abri dont le chauffage fonctionne au moyen de la combustion du crottin des chevaux d'une unité voisine de la police montée. Conscient des dangers de contamination radioactive que fait courir, à Mourmansk, sur la mer de Barents, le délabrement de la flotte des sous-marins de guerre de l'ex-Union soviétique, Stefan Gec, lui, confectionne une bouée prenant la forme d'un signal d'alerte et destinée à être amarrée dans ce port, sur le mode de la mise en garde...

On n'en finirait pas d'inventorier tout ce que la nature permet d'expression artistique contextuelle. Pas de limitation. Le milieu naturel, le paysage s'avèrent d'une extrême plasticité de citation ou d'usage. L'artiste peut user à sa guise de l'élément naturel, quel qu'il soit, y compris dans un esprit ludique. Le Belge Jacques Charlier s'applique à peindre en marron un arbre quelques semaines avant l'automne, avant que les feuilles ne pren-

1. Cité par Richard Martel, *Manœuvres*, *op. cit.*, p. 8.

nent naturellement cette couleur. Olivier Leroi, dans un pâturage de l'Aude, près de Carcassonne, sangle sur l'échine de plusieurs moutons des maquettes de maisons, allusion à la transhumance, au nomadisme ; au Mali, il confectionne pour des moutons des vêtements modifiant la couleur de leur laine : reprise en main, par l'artiste, de l'étant donné naturel dans le sens d'une modification dont l'esprit oscille entre la farce et un symbolisme rappelant un temps mythique, édénique, où hommes et animaux vivaient en bonne intelligence, sans conflit ni opposition de nature.

Le travail de l'artiste dans le paysage peut aussi avoir une visée politique. En 1978, le groupe UNTEL, à Cahors, le long de la nationale 20, grave dans le sol ou écrit avec des cailloux, en lettres géantes, les mots « irréversible » et « fatalité », une formulation sibylline mais sous-tendue par une référence implicite aux questions de la soumission de l'individu et du conditionnement social[1]. Avec *Échelle 1*, en 1998, Christophe Morellet dessine au moyen de bottes de paille bâchées, dans le parc de la Courneuve (nord de Paris), le tracé de la division administrative du territoire, une manière de matérialiser ce que l'œil ne voit pas d'ordinaire, sauf sur les cartes. Citons-le :

> « Cette œuvre consiste à reproduire sur la pelouse du parc la “frontière” ou, du moins, une portion de la “frontière” délimitant les trois communes mitoyennes à l'endroit privilégié où elles se touchent, et telle que l'on peut la lire sur certaines cartes. Le motif + – + – + – reproduit dans le paysage à l'échelle du plan choisi

1. Exposition *Nationale 20*, environs de Cahors, dans le Lot, en 1978.

prend des dimensions énormes par rapport à l'abstraction que constitue une frontière. Chaque croix ou tiret fait alors quinze mètres de long [1] ! »

Intervenant dans l'espace, l'artiste y installe en somme une œuvre à « échelle 1 ». Se muant en géographe-cartographe, il fait glisser dans le lieu réel, où l'on a institué la division administrative, ce qui est consigné de cette dernière sur la carte, qui vaut pour indication exprimant un pouvoir, véritable esthétisation de la gestion politique du territoire. Quant à Patrick Guillien-Steinbach, au moment du conflit du Kosovo (1999), il réalise de curieuses œuvres en blanc à même le sol en recourant au même motif répété, la silhouette du bombardier américain B 52. Pierre Giquel écrit :

> « La première intervention se situe dans le Jura alors que Patrick Guillien-Steinbach entend poursuivre une recherche *in situ* dans son pays d'enfance. Peintre, il s'apprête à interroger un nouveau matériau : la terre. Nous sommes en 1999, alors que s'annonce la fin de la guerre du Kosovo. Le site choisi est une zone de passage de nombreux Mirages [avions de chasse de l'armée de l'air française] entre les montagnes. L'image du B 52 s'impose. Une chaux blanche naturelle dessinera ainsi sur l'herbe les contours de l'avion surgissant à l'échelle 1 (56 x 48 m), une projection visible à haute altitude [2]. »

Glissement de la nature comprise comme espace bucolique à la notion, ici mise sur la sellette, de terri-

1. Christophe Morellet, catalogue de l'exposition *Art Grandeur Nature*, parc de la Courneuve, 1998.

2. Pierre Giquel, « Patrick Guillien-Steinbach, des décalages », *Parpaings*, n° 29, janvier 2002, p. 6-7.

toire disputé, voué au contrôle d'État. Évocation du lien fatal entre le territoire et le pouvoir.

Ce qui, au bout du compte, n'échappe pas à l'artiste contextuel de la fin du XXe siècle, c'est le sentiment aigu du caractère dorénavant *construit* de la nature. Soumise et domestiquée, la nature à l'ère postmoderne contredit le mythe de la *phusis* incontrôlable et sauvage. À présent, un droit humain s'est imposé à elle, implacable et régulateur, un pouvoir anthropique démesuré pliant la nature à ses besoins en matières premières (le gaspillage des ressources), à son désir de confort (la nature mondiale comme jardin d'agrément pour la *middle class* planétaire urbaine éprise de tourisme). Pour le reste, il s'agit bien d'admettre que la nature au sens strict est en passe de cesser d'exister. C'est ce dont parle à propos, avec *Island of an Island* (2002), l'artiste français Mélik Ohanian. Cette œuvre, il la consacre à Surtsey, une île volcanique surgie de la mer islandaise dans les années 1960, création de la nature sauvage réservée depuis lors à la communauté scientifique et aux observations savantes sur le développement de la vie biologique en milieu non humanisé. Par ses écrans multiples présentant des vues aériennes de l'île, par le dessin géant au sol, au moyen de lampes clignotantes, d'une plante qui a tenté de coloniser l'île avant d'être rejetée par l'écosystème local, *Island of an Island* tient plus de l'évocation et de la description – de l'œuvre de musée, donc – que de l'œuvre au sens strict paysagère. Est-ce à dire qu'elle n'est pas une œuvre contextuelle ? Pas si sûr. En amont, l'artiste a dû réaliser tout un travail de terrain : l'île a été filmée sous des angles divers, tâche délicate dans la mesure où l'accès en est strictement interdit aux visiteurs. Ce dont cette œuvre cherche à rendre compte, encore, c'est d'une réalité – la nature en son état originel – qui n'est plus que résiduelle, sans plus aucun rapport avec le monde tel qu'il va, celui de la nature continuellement salie et violentée. Insistance sur ce contexte nouveau de la nature, en voie de disparition. L'homme, d'ordinaire si conquérant, s'interdit cette fois de disposer de la matière naturelle qui a surgi à Surtsey, il la met sous très haute protection, tout comme Mélik Ohanian installe son œuvre à l'abri d'un musée, lieu de stockage et ultime espace de mémoire de la nature, ce monde que nous sommes en passe de perdre.

VI

L'ŒUVRE D'ART MOBILE

L'art contextuel ne reconfigure pas seulement les manières de créer. Il redéfinit aussi les territoires de l'art. Le type d'œuvre qui s'y rattache peut s'installer partout et, à l'occasion, devenir *mobile*. Car l'artiste contextuel conçoit aussi des œuvres déplaçables, aptes à aller à la rencontre du public, ou à le transporter. Cet accès de l'art à la mobilité s'intensifie à l'extrême fin du XXe siècle avec l'apparition d'œuvres conçues pour l'Internet. Des créations d'un genre nouveau sont alors mises en circulation sur un réseau, elles ne connaissent d'autres frontières politico-géographiques que celle du degré d'équipement matériel permettant les échanges en ligne.

L'émergence des œuvres d'art mobiles, physiquement utilisables ou de nature immatérielle, est un facteur clé de l'élargissement du « territoire » artistique. Ce « territoire », déjà de moins en moins balisé ou circonscrit à des lieux identifiés (de type galeries, centres d'art ou musées), cesse aussi d'être limité dans l'espace. Outre une nouvelle écriture de l'art, il en résulte une remise en question radicale de la notion d'« exposition » : le principe de présentation statique se voit remplacé par ceux, autrement plus délicats à définir, d'exposition-fuite, exposition-tracé, exposition-sillage ou exposition-flux. Sous le critère de « mobilité », on peut se risquer à envisager un principe actif de dissociation relevant d'une perspective critique ouverte par l'artiste mobiliste sur le sens et la nature de l'art. Ce principe tend à faire de l'œuvre d'art mobile un acte aventureux qui rejoue la signification de l'art, au risque de sa perte éventuelle ou d'une ouverture de sens telle que c'est la définition même de l'art qui finit par s'éparpiller. L'art mobile, donc ? Une sortie possible de l'art hors de ses limites admises, tandis que la mise en mouvement de l'œuvre et son déplacement physique engagent en vérité bien plus que la dynamique ou la géographie.

Une typologie florissante

Les premières formes modernes d'art mobile datent du début du XXe siècle : processions des dadaïstes berlinois, manifestations futuristes à Milan, vaste mouvement de l'art public bolchevique né de la Révolution d'octobre, prodigue d'œuvres « en situation » qu'il a mises au contact du peuple jusque dans les coins les plus reculés de l'ex-URSS (les trains décorés par les soviets d'artistes, le navire *Étoile rouge* qui servait de lieu d'exposition ambulant en remontant les fleuves...). Avec ces prémices, le principe de la sédentarité muséale est remis en question : dorénavant, l'œuvre d'art *bouge* et *circule*. À peine le mécanisme est-il enclenché que la mobilité de l'œuvre devient pour nombre d'artistes une nécessité plastique et, plus encore, sociale. Une œuvre d'art mobile, c'est l'art mis à la portée de tous, déplacé vers la rue et l'espace public, perturbant le quidam rétif aux questions esthétiques. C'est l'art investissant des lieux régis comme il se doit par un pouvoir qui ne lui est pas acquis d'office, considérant qu'il n'est pas de lieu sans pouvoir qui s'y exerce et que l'espace, comme le rappelle Jan Cohen-Cruz, « est toujours *contrôlé*[1] ». C'est la possibilité de « situations construites » (Debord) dans lesquelles l'artiste peut éprouver l'espace en y interférant d'une manière fluide ou tactique, en y apparaissant ou disparaissant à sa guise ; l'œuvre d'art mobile intensifie alors l'expérience de la dérive chère aux situationnistes[2]. C'est enfin, à travers le déplacement de l'œuvre, la mise au jour d'une condition nouvelle de l'objet d'art, jusqu'alors inexpérimentée, celle de l'objet nomade, avec tous les risques d'affolement des notions acquises qui sont liés à son émergence. Le mouvement, en soi, induit la dissémination, ce dont Aristote avait déjà eu l'intuition. Pour Patricia Falguières :

> « Le mouvement est chez Aristote ce qui dissocie l'être en ses principes, le dédouble et le re-dédouble dans une pluralité de sens et de directions, fait "sortir de

1. Jan Cohen-Cruz, *Radical Street Performance…*, *op. cit.*, Introduction, p. 2.

2. Pour les situationnistes, la « situation construite » se définit ainsi : « Moment de la vie, concrètement et délibérément construit par l'organisation collective d'une ambiance unitaire et d'un jeu d'événements ». La « situation construite », en tant que concept mais aussi en tant qu'expérience à vivre, peut être reliée à la « psychogéographie », « où se manifeste l'action directe du milieu géographique sur l'affectivité ». La définition de la « dérive » est donnée p. 96. Sur ces points, voir « Définitions », *Internationale situationniste*, n° 1, juin 1958, p. 12.

soi" le subsistant, le déploie en une expérience de l'*extase*, "qui se manifeste dans une structure rythmée du temps qui est nombre". Ce qu'explicite, après la *Physique*, le traité *De l'Âme* : "Tout mouvement est une extase du mobile dans le mouvement", "une sortie hors de son être"[1]. »

Si le début du XXe siècle scelle l'apparition d'œuvres d'art douées de « mobilité », les années 1960 en vulgarisent le principe, sur fond de manœuvres néodadaïstes ou qu'inspire un esprit ludique ou participatif. En témoignent les interventions de type marches urbaines des Fluxus, les peintures au sol réalisées au moyen de bicyclettes aux pneumatiques enduits de pigment par le groupe Gutaï[2], outre divers happenings tels que *Le Bon Marché*, à Paris, en 1963, durant lequel Allan Kaprow promène des spectateurs dans le célèbre magasin du 7e arrondissement, les *Cityramas* de Wolf Vostell à Cologne ou Paris, fondés sur un même principe mais cette fois avec un autocar, ou la *Journée dans la rue* organisée à la même époque, à Paris, par le Groupe de Recherche d'Art Visuel (GRAV) : participants baladés d'un bout à l'autre de la capitale française et conviés à y exécuter divers exer-

1. Patricia Falguières, « Mécaniques de la marche. Pour une pathétique des images animées », in catalogue de l'exposition *Les Figures de la marche* (musée Picasso, Antibes), Paris, Réunion des musées nationaux, 2000, p. 91-92.

2. Gutaï (« Concret », « Incarnation ») est un groupe d'artistes japonais constitué sous l'égide de Jiro Yoshihara, et actif de 1955 à 1972. Il promeut un art actionniste dans lequel l'artiste s'investit physiquement (lutter dans la boue, sauter à travers des écrans de papier, peindre en roulant à bicyclette, etc.).

cices de mise en contact avec des œuvres d'art cinétique placées dans la rue. La dimension interactive des formes pionnières de l'art mobile va s'estomper assez vite, elle sera de plus en plus supplantée par une écriture moins portée sur l'enjeu de la relation ou l'enjeu d'une communication immédiate et sans intermédiaire. Les œuvres d'art mobile deviennent bientôt des objets plus ou moins insolites, livrés à un déplacement factuel dans l'espace public, voire dans l'espace sauvage : Richard Long ou Dennis Oppenheim se meuvent physiquement dans le paysage naturel, prenant soin d'y inscrire l'empreinte de leurs pas ; Gina Pane change des pierres de place en les faisant passer de l'ombre au soleil ; Nicolas Schöffer présente, avec *SCAM 1* (1973), une de ses sculptures dites spatio-dynamiques sur un châssis automobile Renault ; le même, sur le toit de la Cité Radieuse, à Marseille, fait dialoguer une de ses sculptures du même type avec une danseuse du ballet de Maurice Béjart[1] ; avec sa fort bien nommée *Sculpture de passage* (1967), l'artiste italien Michelangelo Pistoletto fait rouler une sphère de carton dans les rues de Turin, entre les trois galeries d'art où il expose simultanément ; dans le même esprit, Gabriel Orozco pousse sa *Yielding Stone* (1992), « autoportrait parfait

1. Les sculptures abstraites dites « spatio-dynamiques » de Nicolas Schöffer, que l'artiste français d'origine hongroise confectionne à partir des années 1950, sont, pour certaines d'entre elles, référencées sous l'étiquette CYSP, abréviation de « CYbernétique-SPatio-dynamique ». Animées par des moteurs ou des relais électriques, dotées aussi de capteurs optiques ou sonores, parfois programmées, elles interagissent avec le lieu où elles sont exposées (Tour cybernétique de Liège, 1961).

de l'artiste en nomade », note Jean-Pierre Criqui, « une boule de pâte à modeler grise, du même poids qu'Orozco lui-même et que ce dernier a roulée dans les rues de New York et d'ailleurs, objet (...) dont la surface tendre conserve la trace des sols et des corps avec lesquels elle a pu entrer en contact » [1] ; et encore, et toujours, André Cadere et les multiples *Bâtons* qui l'accompagnent dans ses pérégrinations parisiennes, modèle d'arpentage que Krzysztof Wodiczko reprendra à son compte quinze ans plus tard, au début des années 1990, d'une manière moins sibylline toutefois, avec son *Bâton d'étranger*, objet singulier qu'il dédie aux immigrés et qui est censé favoriser leur contact avec les populations autochtones [2]. Autre forme d'art susceptible d'être qualifié de « mobiliste », ou de « véhiculaire », les fameux *Homeless Vehicles* du même Wodiczko, destinés aux sans-abri de New York (1988) : de curieux Caddies conçus à la fois pour leur servir d'abri, pour transporter leurs biens, maigres mais précieux, et dont les déplacements taillent quelque temps dans le tissu urbain de la mégalopole nord-américaine ; ou encore le *Poliscar* (1991), unité mobile d'habitation pour les sans-abri dotée des moyens de communication qui manquent

1. Jean-Pierre Criqui, « Gabriel Orozco, Like a Rolling Stone », *Artforum*, avril 1996. Repris in *Un trou dans la vie...*, *op. cit.*, p. 183-192. Notons cette autre mention intéressante concernant la *Yielding Stone* : « une pièce perpétuellement *in progress*, sans situation privilégiée et sans installation définitive : l'idée du lieu se déplace avec elle dans l'espace ».

2. Concernant le *Bâton d'étranger*, voir K. Wodiczko, *Art public, art critique – Textes, propos et documents*, Paris, Ensba, 1995, p. 211-233. Sur le *Homeless Vehicle*, p. 171-191.

en général aux exclus sociaux [1]. Et enfin, par-delà la stricte notion d'art véhiculaire et l'œuvre d'art mobile proprement dite, le jeu avec l'idée de mobilité, d'ordre ludique ou symbolique, ou certaines de ses manifestations. Roman Signer attache sa bicyclette à un pilier au moyen d'une longue lanière, puis roule en tournant autour de celui-ci. La lanière, une fois enroulée autour du pilier, le bloque en pleine course, ce qui provoque sa chute (années 1990). En juin 2000, en Suisse, Gianni Motti allonge de trois mètres une épreuve de marathon (Championnat européen de Marathon de Biel/Bienne) [2], obligeant les athlètes, outre à souscrire à des règles modifiées, à un peu plus de mobilité, ne serait-ce que symboliquement…

La mobilité de l'œuvre, c'est une *action* : déplacer, mouvoir une forme de contenu symbolique, y compris, s'agissant de l'artiste en personne, son propre corps (Günter Brus déambulant nu dans Vienne, maculé de peinture : une des actions *Ana* de l'artiste autrichien, au début des années 1960). Cette mobilité, de surcroît, équivaut à la prise de possession, physique ou mécanique, d'un territoire tel que la ville ou

1. Le *Poliscar*, bicyclette revêtue d'un caparaçon métallique de forme conique, « est conçu pour un groupe particulier de sans-abri, ceux qui ont le don de la communication et la volonté de travailler avec la population des sans-abri pour organiser et faire fonctionner le Réseau de liaison des sans-abri, dont une part importante sera constituée par la flottille d'unités d'habitation et de liaison mobile – les *Poliscars* » (K. Wodiczko, *Art public, art critique…*, *op. cit.*, p. 193).

2. Dans le cadre de l'exposition *Transfert*, Biel/Bienne, 2000, commissariat de Marc-Olivier Wahler.

quelque espace naturel, qui n'est pas celui de la création artistique conventionnellement comprise. Pour l'artiste, mettre l'œuvre d'art en mouvement, c'est aussi forcer l'occasion d'expérimenter des phénomènes qui ne sont pas d'ordinaire le propre du champ de la création artistique. Entrent alors en jeu des notions telles que la rencontre, le déplacement topographique, la délocalisation, la vitesse. Avant de prendre la route qui doit le mener de Paris à Nice, Yves Klein installe un papier enduit de bleu sur le toit de sa voiture. Tachée par la pluie, recouverte par la poussière du dehors, l'œuvre obtenue, *Cosmogonie* (1959), se présente comme un produit de la mobilité, – une mobilité autrement plus convaincante que celle du *Peintre de l'espace* [qui] *se jette dans le vide !* (1960) : ce photomontage bien connu qui montre Yves Klein se propulsant dans l'espace depuis le toit d'une construction évoque certes le mouvement (l'artiste s'y arrache à la terre dans un mouvement d'élévation), mais il le contraint à recourir à l'artifice. Si déplacement il y a, l'image n'en reste pas moins fixe. Si elle incite bien à un « décollage », à une sortie de l'art hors de son périmètre ordinaire, ce dernier n'en reste pas moins confiné aux limites matérielles d'une image bordée par son cadre – le cadre, cette frontière dorénavant en voie d'abolition.

Un concept moléculaire

Mobilité : ce terme, on s'en doute, n'est pas uniquement réductible à la seule notion de mise en mouvement. Projeter l'œuvre d'art dans un espace afin qu'elle l'investisse sans barrière, sans vocation de confinement, c'est voir se transformer la plupart des caractéristiques classiques touchant la présentation et l'observation des objets destinés à l'exposition. C'est la remise en question d'office du statisme, qu'il se rapporte au spectacle ou au spectateur [1], et la mise en discussion de notions telles que l'accrochage, le rapport de l'œuvre à l'espace fermé du musée et à sa destination muséale. C'est la fin du White Cube, l'œuvre d'art n'a plus besoin d'être mise en valeur dans l'espace anonyme de salles d'exposition au volume calculé en fonction d'elle, un espace savamment évalué et censé en asseoir, voire en accroître, l'autonomie.

Autant de contestations dont dérive le caractère ouvert de l'œuvre d'art mobile, et sa conséquence, une typologie fluctuante. Le *Mobile Linear City* (1991) de Vito Acconci prend la forme d'un habitat modulaire en tôle ondulée transportable sur camion, adapté aux situations de crise : pas de confort mais la possibilité d'habiter, d'accueillir son prochain dans toutes les circonstances, même les pires. L'humanitarisme n'est pas loin, tandis que l'art au sens strict, lui, paraît s'éloigner… Une œuvre telle que *Mouvement*, réalisée par Marina Abramovic et Ulay lors de la biennale de Paris (1977), renvoie pour sa part à une tautologie dont on ne saurait dire en toute certitude ce qu'elle célèbre (l'effort ? l'acte original ? le défi ? la stupidité ?) : plus de quinze heures durant, les artistes tournent en rond dans une camionnette, jusqu'à la panne méca-

1. Celui propre à l'art de l'âge classique, analysées avec brio par Michael Fried, *Esthétique et origine de la peinture moderne,* 1 – *La Place du spectateur*, Paris, Gallimard, 1990.

nique. Et que dire de l'action *Marches au ralenti*, des promenades à petit rythme qu'Orlan réalise en 1965 et dont l'origine réside dans le nom de l'artiste (« Orlent ») ? L'art processionnel, où l'artiste se déplace à pied, et l'œuvre d'art mobile, que l'artiste promène avec lui, sont indéniablement proches par l'esprit. Dans l'un et l'autre cas, tout se passe comme si la création artistique devait non pas subir son territoire mais le *créer*, comme si elle s'envisageait comme définitivement inachevée, interminable, vouée à l'errance. Une œuvre d'art mobile, c'est de l'espace concentré et potentiel, c'est aussi une parabole de l'existence d'un territoire à conquérir sans cesse, la réalité. Sitôt annexé par le champ de l'art, on l'a compris, le concept de mobilité ne peut être appréhendé sans excéder la part géographique qui le sous-tend, ne serait-ce que d'un simple point de vue esthétique. S'agit-il, ici, d'apprécier tout bonnement ce que l'œuvre d'art va « mouvoir » en nous et de s'en satisfaire ? Convient-il plutôt d'y relever la seule idée de déplacement dans l'espace dont l'œuvre fait la démonstration physique selon un principe qui serait « Je bouge, donc je suis » ? Les deux choses à la fois, en l'occurrence. Un art de la mobilité se reconnaît en effet par la jonction qu'il est capable d'opérer entre les deux capacités que sont produire du sensible et le répandre ; capacités dont la première est un invariant de tout art quel qu'il soit (chaque œuvre d'art bouscule notre sensibilité), et la seconde, l'effet du mode d'apparition original des formes d'art « mobiliste » (ce type d'art a choisi de renoncer au principe d'immobilité et, partant, à l'inscription, au monument, à l'ancrage).

L'art de la mobilité, donc : un art de la matière, de l'instant et de l'action propice à développer chez quiconque s'y trouve confronté des sensations mentales, visuelles et jusqu'à une sensibilité kinesthésique inédite, obligeant à repenser l'ordinaire de l'esthétique. Sans conteste, cet art se place du côté de la requalification. Dans deux domaines au moins : celui du lieu de l'art, d'une part, et celui de la perception, de l'autre. S'agissant du lieu, ce type d'art valorise la dispersion contre la polarisation. En 1997, Barbara Kruger décore un autobus new-yorkais de phrases tirées de textes de Franz Fanon (« L'idéalisme aveugle est réactionnaire »), de Malcolm X (« Accordez à votre cerveau autant d'attention qu'à vos cheveux et vous serez mille fois meilleur »), de Wole Soyinka (« La plus grande menace pour la liberté est l'absence de critique ») ou encore de Franz Kafka (« Le sens de la vie est qu'elle s'arrête »), parmi d'autres énoncés relatifs à la question de l'existence, de la violence et de la liberté (*BUS*, New York, projet pour le Public Art Fund Inc.). La parole méditée, dans ce cas, est tirée du livre, recontextualisée, puis promenée, exportée là où il n'est guère d'usage de la trouver. Au même moment, à Paris, Nathalie Van Doxell transporte ses spectateurs sur les différents lieux des crimes du tueur en série Thierry Paulin : déplacement cohérent, justifié par le projet de cette œuvre, qui est de traiter sur un mode critique-caustique du crime, devenu, à l'ère des médias, l'objet de commerce tapageur que l'on sait (*Tour Operator NvD*, 1998-2000). Avec l'art mobiliste, là où est l'œuvre, l'art est, le musée se fait mobile, élastique comme les trajectoires de l'œuvre. En 1998, l'artiste marseillais

Marc Boucherot aménage un triporteur Vespa avec bar et unité de sonorisation, qu'il promène et stationne au gré de son humeur, là où il veut, le véhicule devenant à chaque arrêt un pôle de rencontres où l'on boit, discute et danse (*Là où tu veux*)[1]. Raphaël Boccanfuso réalise à partir de 1997 l'opération *R. B. Mécénat* : pour faire valoir sa société d'autosponsoring, qui œuvre à sa promotion d'artiste, il utilise un véhicule de marque Citroën qu'il déplace partout où il l'estime nécessaire (devant les lieux de vernissage, face à l'hôtel de ville de Paris, sur l'autoroute où un radar flashe la voiture et l'immortalise en excès de vitesse...), la carrosserie bardée d'autocollants détaillant les grands principes de la réussite dans le milieu de l'art contemporain. Quelle que soit la forme adoptée, l'artiste recourant à l'œuvre d'art mobile pose un préalable : que l'on accepte de considérer comme obsolète la géographie où l'art a cours d'ordinaire, géographie dont il s'agit, de son point de vue, de faire exploser les cadres physiques, et dont il réclame et organise la reconfiguration. Au musée ou à la galerie est préférée la rue. À l'acte de montrer, l'intervention. À la polarité, le flux et le passage. À l'enracinement, la migration. En 1981, trois avions affrétés par le groupe chilien CADA (Lotty Rosenfeld, Juan Castillo, Fernandeo Balcells, Raul Zurita, Diamela Eltit) survolent les quartiers pauvres de Santiago du Chili et y lâchent des tracts où l'on peut lire que « le fait de contribuer à l'amélioration de la vie est la seule forme valide d'art » (*Ay Sud-*

1. Dans le même genre, signalons le *Snack Mobile* de Fabrice Gygi (1998).

america !)[1]. Esthétique du passage, de la forme qui vient, puis fuit, de la substance qui trace et ne laisse derrière elle que d'incertaines pulvérulences, un sillage, une nostalgie de l'apparition.

L'art de la mobilité, en fait, n'est pas seulement attractif en soi, du fait de sa fréquente singularité et de l'étonnement légitime qu'il a tendance à susciter chez le spectateur non averti. Il l'est aussi en ce qu'il bouscule la perception, incite le public au refus de consommer l'œuvre d'art par les voies ordinaires, au premier chef la contemplation. Est rejeté le modèle de l'iconodoulie, de cet amour de l'image fixe qui a prévalu depuis l'âge classique au moins, sauf en de très rares cas (les processions sacrées dans les sociétés archaïques ou le Mystère chrétien, au sein desquels la forme symbolique est soumise à un déplacement réel). Ce qu'il remet aussi en question, outre les territoires établis de l'art qui se déplacent avec lui et à son rythme, ce sont les perceptions, qu'il stimule et bouleverse. Déplacement perceptif, donc, qui crée de l'agitation et qui relève d'une esthétique du brouillage. Or brouiller, c'est mettre en doute,

1. Actif à partir de 1977 au Chili, CADA est un collectif d'artistes, d'écrivains et d'intellectuels fortement politisés et engagés dans le combat social. CADA, pour fonder la nécessité d'une démarche contextuelle (ou *dans* le réel) engrenant le réel et ayant prise sur lui, critique en particulier l'inutilité de la peinture politique, celle, notamment, des Brigades muralistes actives durant le régime de l'Unité populaire emmenée par Salvador Allende (refus, entre autres, du recours aux « figures précodées » de l'art révolutionnaire traditionnel). Sur les activités de ce groupe pluridisciplinaire, voir Nelly Richard, « The Dimension of Social Exteriority in the Production of Art », in Jan Cohen-Cruz, *Radical Street Performance…*, *op. cit.*, p. 143-149.

c'est briser la certitude tranquille, c'est affirmer la potentielle productivité du chaos. La mobilité telle que l'envisagent la plupart des artistes se veut « métastasique », elle injecte une malignité qu'on croit salutaire, elle est de l'ordre de la contamination positive. L'œuvre d'art mobile adopte volontiers une forme aux effets centrifuges, si possible incontrôlable, celle de la cellule maligne venant corrompre l'unité de ce corps sain mais normé que représentent l'espace public, structures muséales comprises, et les modes de perception acquis. Parallèlement à la croissance du phénomène des tribus qu'on constate depuis quelque temps, la progression en Occident, tout au long du XXe siècle, des conduites et des attitudes sociales individualistes (qui vont de pair avec la société utilisée comme espace « rhizomatique » et non plus vécue comme unité morphologique) ne fait qu'avaliser le principe – sinon accentuer le désir – d'œuvres d'art préoccupées par le « partout » plus que par le « quelque part », par le « circulatoire » plus que par le « fixe », par l'« instable » plus que par le « stable ». On s'en voudrait de ne pas rappeler la pertinence de la réflexion menée sur ces points par Gilles Deleuze, en particulier le principe de « micropolitique » qu'il a développé avec Félix Guattari et que nous avons évoqué précédemment : une analyse aussi lucide que « désidéologisante » des rapports, toujours plus intenses à mesure que s'imposait la modernité, entre le « molaire », d'un côté (le dur, l'établi, l'idéologie dominante…), et le « moléculaire », de l'autre (l'impondérable, le contreprojet, ce qui résiste au niveau local…) [1]. Dans cet univers en tendance chao-

1. Gilles Deleuze, Félix Guattari, *Mille Plateaux*, *op. cit.*

tique où la mobilité devient un aspect constitutif du social, puisque tout est question de changement de position (hiérarchique, mentale, professionnelle, familiale, affective, voire sexuelle), de vitesse, de flux ou d'emballement où l'ego vit et active une réalité changeante et réclamant toujours plus d'efforts d'adaptation, l'œuvre de nature mobiliste se place dans le camp du moléculaire, dont elle devient un archétype et un des meilleurs indicateurs symboliques. Formule d'instabilité majeure, elle n'est pas un simple artefact qu'on promène comme un saint sacrement dans une procession de Pâques. C'est, en esprit du moins, un attentat, l'expression de la vitalité de ce moléculaire dont le dynamisme irréductible se veut capable d'affecter la pétrification qui caractérise le molaire.

L'entrave comme processus « antimobiliste »

À mesure que le temps passe, l'œuvre d'art mobile est une denrée de moins en moins rare. Plus se déploie la modernité, plus le principe en recueillerait même un indéniable aval. L'affection que bien des artistes, à l'extrême fin du XXe siècle, vouent à l'art mobiliste signale son intégration réussie au répertoire des formes artistiques. Témoins de cette intégration, dans les années 1990, les caravanes aménagées d'Andrea Zittel, le *Baisodrome* ou le *Modular Mobile Home* de Joep van Lieshout, l'habitat mobile recouvert de miroirs et tiré par une bicyclette de François Roche, l'*Aerofiat* d'Alain Bublex ou encore le *Booster* conçu par Carsten Höller, lit surélevé tracté par un cyclomoteur, sur lequel le ou les occupants peuvent évoluer à loisir : dormir, regarder le paysage qui défile, faire l'amour... Au moment où elles sont créées, ces œuvres, qui constituent les développements tardifs d'une dynamique antérieure, ne semblent plus de nature à révolutionner l'étant donné de l'art mobiliste. Elles sont l'indice d'une banalisation, voire d'un consensus frappant [1].

Autrement opératoires se révèlent les formules artistiques de la dernière décennie, qui n'ont pas pour dessein de flatter ni d'adhérer au consensus de la mobilité, mais au contraire d'en mettre à nu le caractère devenu normatif. Subvertir le lieu commun qu'est devenu l'art de la mobilité (lieu tout à la fois où l'on se retrouve et dont on a fait un fétiche esthétique) consiste à opter pour des productions esthétiques régies par un mécanisme d'*entrave*. La loi générale, celle de la circulation, fait donc les frais d'une décision individuelle qui met brusquement en avant la nécessité de perturber le flux, de le freiner, au besoin de l'arrêter. La *Machine à bondir* d'Olivier Caban (1995) s'inscrit dans cette logique « terroriste ». Animé par les seuls mouvements de la personne qui le chevauche, ce bâti métallique élémentaire uniquement monté sur ressorts se déplace à une vitesse inférieure à celle d'un piéton. Rythme qui se révèle, dans les faits, insupportable : à peine insérée dans la circulation réelle, la *Machine à bondir* crée un embouteillage. Même atteinte à la fluidité avec *L'Élément pour la rue*, une

1. L'exposition *Propos mobiles* (commissariat de Denis Gaudel), à Paris, à l'automne 1998, s'est fait l'écho de cette production hétéroclite d'objets artistiques mobiles tardifs : des réalisations privilégiant l'insolite, le fun ou les effets plastiques.

réalisation de Veit Stratmann véhiculée en 1997 à travers les artères de Grenoble. Prenant l'apparence incongrue d'une poussette individuelle dont la partie frontale est affublée d'une large plaque, ce rudimentaire « bulldozer » mis à disposition du promeneur a quant à lui des effets ambivalents : s'il ouvre la voie à son utilisateur, son encombrement empêche dans le même temps de se mouvoir en tous lieux, d'atteindre les coins et recoins de l'espace urbain. En 2000, à Bienne (Suisse), Fabrice Gygi déploie devant l'entrée d'un bâtiment public des grilles anti-émeutes, dispositif qui restreint l'accès aux lieux, obstrue la fluidité du déplacement et met qui plus est l'accent sur l'idéologie sécuritaire alors en pleine ascension. Autre forme d'entrave, mais cette fois sans contrôle, et réellement agressive : les éclairages violents qu'Alain Declercq dirige au hasard sur des demeures habitées (*Welcome Home, Boss*, 2000-2001) ont de quoi terroriser leurs occupants. L'effet provoqué est celui de l'encerclement, le sentiment, celui d'une liberté d'aller et de venir brusquement confisquée. C'est un verrouillage du droit démocratique de libre circulation [1].

Atteinte factuelle mais aussi *politique* à la mobilité, le mécanisme d'entrave joue le rôle classique du négatif actif. Dans une société acquise au consensus de la vitesse, promouvoir des actes où entrent en jeu la lenteur, la décélération ou l'entrave ne peut être innocent. Réduire la vitesse sociale, c'est l'un des moteurs de certaines structures liées au pouvoir telles que les

1. Concernant la série *Welcome Home, Boss*, on renverra à l'exposition des photographies des diverses interventions d'Alain Declercq, galerie Loevenbruck, à Paris, mars 2002.

comités d'éthique, pour qui l'évolution doit être soumise à contrôle et à conditions, celui aussi, dans un autre genre, des intégrismes ou des conservatismes, pour lesquels toute évolution se doit, sinon d'être annulée, du moins d'être endiguée. Dans le cas de l'art contextuel, la visée est, plutôt que régressive, d'ordre dialectique. Le but, c'est d'inviter à une réflexion sur la perversité du recours à la mobilité, sur le caractère douteux de sa survalorisation. Le geste artistique anti-mobiliste vient briser cette idéologie hégémonique de la mobilité, idéologie qui fut la Béatrice des modernes avant de devenir le fonds de commerce des tenants de la société communicationnelle, partisans de l'échange à tout prix, même dévitalisé, qui en arrivent à sanctifier le mouvement et non ce que le mouvement permet. Devenue idéologie, la mobilité est réduite à un concept, elle devient étrangère au mouvement réel comme à la sensation authentique et à l'affect. Elle gomme ce qu'apporte le déplacement, notamment la mise en rapport avec des aires inconnues, la rencontre ou des spectacles nouveaux, en leur substituant un imaginaire de la liberté qui crée l'illusion que tout bouge et se meut alors même que la société réelle peut dans les faits connaître l'immobilisme, la réaction ou l'absence de progrès social significatif. Gloire, pour finir, au road-movie, au citoyen trekker, à l'écrivain-voyageur, au nomadisme comme style existentiel majeur, au mythe de l'ubiquité permise par l'hyper-espace électronique, aux corps aériens, arrachés à la pesanteur terrestre et à l'inertie polaire, si chers à la publicité… ; tout ce qui bouge ou évoque le déplacement devenant d'office admirable. Ainsi comprise, la remise en question de la mobilité qu'opère à l'occasion l'art contextuel n'est pas réactionnaire, mais bien dénonciatrice. Elle constitue une charge contre un phénomène classique de la modernité, ce maximalisme impénitent mais stérile (toujours plus) qui en arrive à engendrer le moins ; le plus mobile en apparence pouvant, dans les faits, dissimuler une situation de stagnation.

L'entrave envisagée sur le mode artistique, on la découvre aussi en action dans d'autres domaines, en particulier au sein de l'univers des réseaux. La *Web culture* qui fleurit à compter de la seconde moitié des années 1990 n'est pas sans représenter un des hauts lieux d'expansion de la mobilité factice. N'y enregistre-t-on pas une infinité de messages, tandis que l'on « chatte » à tout va ? Nombre de ces messages, en vérité, confinent à l'insignifiance. La société communicationnelle, nouvelle lubie de la technocratie, scelle l'émergence d'une culture de l'expression sans contenu et de la communication du vide, elle intronise une nouvelle forme de convivialité vivant du leurre de l'échange généralisé et laissant croire à bon compte à un accroissement factuel de la démocratie. Face à cette fausse circulation de la parole, une œuvre telle que le *Computer Virus Project* de Joseph Nechvatal, qui en appelle implicitement à la destruction des réseaux numériques établis – nouvelle géographie horizontale et ramifiée du pouvoir en action –, fait bel et bien l'effet d'un contrepoids. Un contrepoids s'opposant cette fois aux formes artistiques envahissantes qui célèbrent au même moment la technologie sur un mode le plus souvent dévotionnel. Le projet de Joseph Nechvatal opère a contrario de toute dévotion et consiste pour sa part à « infecter » l'univers numérique, non à en célébrer les pouvoirs. *Hacker* et artiste producteur d'entrave ? Même combat pour ces desperados qui contestent et ébranlent l'idéologie de la circulation comme fluide sacré.

L'œuvre en promenade sur le réseau

Installer l'œuvre d'art dehors et la doter d'une force automotrice ne fait pas pour autant de l'artiste, d'un coup de baguette magique, un révolutionnaire. D'une part, les figures artistiques de la mobilité s'avèrent pour la plupart des figures héritées. D'autre part, la notion même de territoire physique, en voie d'élargissement constant, oblige à requalifier toute œuvre d'art censée relever du genre mobiliste. L'apparition du réseau télématique Internet et son utilisation immédiate par un nombre non négligeable d'artistes ont posé les fondements d'un art désireux de se hisser aux dimensions de la Toile et de contribuer à l'économie (réelle, symbolique) du World Wide Web et des réseaux de télécommunication numérique. Or une œuvre d'art conçue pour Internet n'est-elle pas fondamentalement mobile ?

Mobile, une œuvre conçue pour le réseau, de type Net Art (terme forgé à l'extrême fin du siècle dernier, parallèlement au développement d'Internet), paraît bien l'être de facto, ne serait-ce que par l'usage qu'elle commande. Annick Bureaud et Nathalie Magnan écrivent des produits du Net Art :

> « Il s'agit d'œuvres qui n'existeraient pas sans Internet, lequel englobe différents protocoles (e-mail,

ftp, telnet, listserv, le Web, etc.). Les artistes, le numérique et les réseaux s'y confrontent. Les moyens de production sont également les lieux de diffusion (et inversement). Sur Internet, le lieu physique de l'œuvre perd, dans la plupart des cas, de sa pertinence ; tout se passe d'écran à écran, d'une interface à l'autre[1]. »

Œuvre fixe en son site, certes, mais consultée en divers points de la planète, consultation qui implique un transport d'information par le câble téléphonique ou par les ondes de transmission par satellite. Œuvre fixe en son site mais circulant, visible sur l'écran de tel ou tel internaute, sollicitant leur attention de la même manière qu'un véhicule sollicite l'attention des passants dans telle ou telle ville. À cette nature qui défie les limites de l'espace physique, l'œuvre conçue pour Internet ajoute fréquemment une dimension interactive, qualité rendant possible sa modification par l'internaute qui la consulte. Annick Bureaud et Nathalie Magnan poursuivent ainsi :

> « L'intangibilité du lieu d'émission sur le Net engendre une nouvelle relation à l'audience. Le plus souvent, nous sommes en présence de groupes où la relation binaire acteurs-spectateurs n'a plus les mêmes fondements. Les micro-audiences des œuvres du Net Art sont évolutives, polymorphes et très engagées dans les champs qu'elles investissent[2]. »

Le Net Art est fréquemment un art qui appelle à sa propre transformation, soit qu'il réclame la participa-

1. Annick Bureaud et Nathalie Magnan, article « Net Art », *Groupes, mouvements tendances de l'art contemporain depuis 1945*, *op. cit.*, p. 276.
2. Annick Burreaud et Nathalie Magnan, *op. cit.*, p. 277.

tion directe du spectateur, soit qu'il se retrouve manipulé lors de divers charcutages qu'a tout loisir d'opérer l'internaute : copie, modification, détournement, réexpédition, réutilisation de type *mix* dans une perspective d'échantillonnage [1].

Bien des exemples montrent aujourd'hui le lien étroit entre art et mobilité à l'âge sonné de la technologie de pointe. En témoignent Doug Back et Norman White avec *Le Bras de fer transatlantique* (1986) : de part et d'autre de l'Atlantique, à Toronto et à Paris, deux concurrents s'affrontent au bras de fer en actionnant un mécanisme qui rend visibles l'effort et la résistance de chacun des protagonistes par liaison vidéotéléphonique. Dans ce cas, la distance est abolie par le potentiel technique, qui fait toute la valeur d'une œuvre existant et fonctionnant indépendamment d'une notion de lieu physique. Même constat lorsque Mobile Image organise la rencontre, grâce à un écran vidéo installé dans deux villes différentes, de gens séparés par des milliers de kilomètres (les uns, devant l'écran, regardent les autres sur celui-ci, et inversement). L'œuvre, alors, est de nature jointive, met en

1. La pratique de l'échantillonnage, dite *sampling*, apparaît à grande échelle dans les années 1990, dans la lignée des pratiques techno de collage et de modelage d'énoncés sonores préexistants et que l'on s'approprie. En découle le *mix*, une forme d'œuvre ou d'événement que caractérisent le mélange et l'expression simultanée de plusieurs médiums : montage de sources plastiques d'origines différentes, film vidéo projeté tandis qu'un DJ mixe de la musique, par exemple. Cette pratique de parasitage, lointaine descendante du collage cubiste ou dada, représentait à l'extrême fin du XXe siècle une des formes les plus actives de création artistique.

relation deux ensembles humains séparés dans l'espace et dans le temps, qu'elle réunit par écran interposé, preuve de sa capacité au déplacement instantané. Autre exemple de même nature lorsque Paul Sermon, à l'occasion de la biennale de Lyon 1995, expose ce spectaculaire dispositif : un fauteuil sur lequel le spectateur, une fois assis, voit s'afficher sur un écran de télévision l'image d'une personne venue s'installer à son côté, sur le canapé sur lequel il est lui-même assis, pour converser – une personne qui se trouve en réalité autre part, peut-être à l'autre bout du monde. Au-delà du gadget, ce type de réalisation n'est pas sans complexifier la notion de mobilité, sans pour autant la rendre problématique. Car, si le spectateur ne bouge pas, l'œuvre semble quant à elle s'agiter à une vitesse défiant toute perception en rassemblant des personnes qui ne partagent pas concrètement le même espace. Alors, où est l'œuvre ? N'a-t-elle pas anéanti la notion même de mobilité en lui substituant celle d'ubiquité ? Quand, pour le spectateur, la mise en contact avec autrui, *où qu'il soit*, est rendue possible sur le mode de la visioconférence, la notion de distance, et donc de mouvement, cesse d'être d'actualité.

À dire vrai, le Net Art ne se pose pas ce genre de questions. Car il est par nature *en circulation*. Toute œuvre d'art conçue pour Internet est destinée à la consultation en ligne, à une circulation donc, qui l'amène à se délocaliser immédiatement. Toute consultation de l'œuvre par le spectateur déplace celle-ci du lieu où elle est, intangible et confiné (l'isolement), à celui d'une scène (l'écran du spectateur comme zone de contact et espace d'un partage), importation qui peut se révéler ou non productive (l'usage de l'œuvre par le spectateur à des fins de consommation, de stockage, de transformation). Le recours à l'interactivité accentue ces déplacements, comme le montrent les œuvres réalisées de manière fédérative (Don Foresta, *Paris Réseau* de Roy Ascott et Karen O'Rourke), la création graphique collective (Olivier Auber, *Générateur poïétique*), l'échange d'informations ou la constitution de bases de données qu'initient des artistes (Antoni Muntadas, *File Room*, 1995, une œuvre consistant dans un archivage, via le Net, de tous les cas de censure connus), accentuation plus perceptible encore lorsqu'il s'agit de réalisations prenant la forme de jeux de rôles. Par nature, la « création partagée » (Roy Ascott) procède d'un déplacement en continue : d'un protagoniste vers l'autre ou vers tous ceux qui se connectent au site où repose et « s'origine » l'œuvre d'art. Aussi immatérielle soit-elle, cette connexion n'en dessine pas moins une géographie de l'échange. S'il est utopique d'espérer cartographier les flux géographiques que trace et parcourt toute œuvre d'art interactive de type Net Art, ces derniers n'en existent pas moins, qui voient l'œuvre littéralement promenée entre l'un et l'autre des différents acteurs connectés. En 1999, Fred Forest met en œuvre *Centre du Monde* : trois jours durant, des internautes écrivent, filmés par des webcams, tandis que leurs textes, que l'artiste confronte et mélange avec les siens, s'affichent en temps réel sur neuf grands écrans digitaux disposés dans l'Espace Cardin de Paris. La capacité d'une telle œuvre à faire se joindre, s'échanger et collaborer diverses énergies n'opère pas seulement sur un plan géographique en ce qu'elle suscite et formate un territoire pour l'échange. Elle est aussi politique et, pour la circonstance, à visée démocratique. En toute légitimité, Fred Forest peut parler de la mise en forme d'un « moment d'humanité et de sens [1] ».

La forme-passage de l'œuvre comme fatalité historique

À l'ère de l'Internet, le concept de mobilité perd beaucoup de sa consistance sémantique originelle. C'est en effet dès l'origine et de manière programmatique que l'œuvre d'art conçue pour le réseau est vouée à la circulation, au déplacement topographique, à l'errance générique et banalisée. Si l'internaute la rencontre, c'est le plus souvent par hasard, en surfant ou en effectuant une recherche de caractère plus général. S'il ne s'y intéresse pas, il renverra aussitôt l'œuvre dans le labyrinthe arachnéen du réseau, activant par son indifférence même le mécanisme de la mobilité, concomitante de la remise en circulation. Activation d'un processus de mobilité dans ce cas sans fin ni but, dont la nécessité est condamnée à s'exténuer ou qui n'intéresserait plus que le concepteur de l'œuvre, elle-même devenue un simple isolat égaré en un point à peine décelable d'un réseau communicationnel toujours plus fréquenté par des utilisateurs toujours plus anonymes.

1. Abondante littérature sur ces points. Par commodité, on renverra le lecteur pressé à l'étude d'Edmond Couchot, *La Technologie dans l'art, de la photographie à la réalité virtuelle*, Nîmes, éditions Jacqueline Chambon, 1998. Synthèse des dernières avancées sur ces questions dans le hors-série de la revue *Art Press*, « Internet et l'art », 2000, ainsi que dans *Esse*, n° 43, automne 2001, dossier « Immatérialités ».

Leçon à retenir : dans un univers caractérisé par la circulation, œuvres d'art et démarches mobilistes peuvent aussi se noyer dans le flux, devenir des formes-passages et non, comme l'art traditionnel entend l'œuvre d'art, des formes-stations. Le destin de l'art, non sans cohérence, rejoint ici le destin de l'humanité, lequel se caractérise autant par la fixation que par le nomadisme.

VII

L'ART COMME PARTICIPATION

Gestes effectués en commun, œuvres conçues avec les spectateurs ou fondées sur le partage, création, par les artistes, de structures d'accueil, investissement collectif dans la lutte politique ou écologique… Autant de pratiques contextuelles dont la caractéristique est de s'investir dans une action commune envisageant le spectateur comme un citoyen et un être « politique ». Caractéristique qui modifie d'office la notion de public et révoque en particulier le principe de passivité admis comme fondateur du rapport avec les œuvres d'art conventionnelles – une passivité toute traditionnelle où seule vibre l'intériorité de qui regarde l'œuvre. L'art participatif active quant à lui la relation directe, l'échange physique, la réciprocité immédiate, le tout vécu sous les auspices du contact (on pourrait parler, à son propos, d'art *contactuel*).

Promouvoir la réalisation d'œuvres à plusieurs, collectives donc, tout en laissant un rôle actif au spectateur ? C'est toute l'économie de l'œuvre d'art qui s'en trouve modifiée. Du registre de l'autorité (le tableau, la sculpture, l'installation qui s'exposent, formules plastiques qu'il s'agit de regarder comme le fidèle considère l'icône), on glisse vers celui de l'*invitation*. C'est dynamiquement, cette fois, que l'œuvre convie à elle-même et à plus qu'elle-même, incite au lien à vivre ici et maintenant, œuvre jamais achevée puisque « participative ». C'est dynamiquement donc qu'elle requiert le spectateur, élément à part entière du dispositif créatif, matière vivante corrélée à la matière symbolique, figure élevée en retour au statut de créateur, modifiant par sa seule présence le projet artistique comme le processus de l'œuvre. Ainsi que le dit sans détour Jan Swidzinski, promoteur militant de l'art contextuel cité au début de ce livre, « l'art a cessé de constituer des modèles autoritaires de création pour l'Autre. À travers le contact avec l'Autre, il nous informe sur la nécessité de développer nos propres modèles. Être artiste aujourd'hui, c'est parler aux autres et les écouter en même temps. Ne pas créer seul mais collectivement [1] ».

Créer de l'« être ensemble »

Tout contact avec une œuvre d'art est d'emblée participation. On connaît la formule toujours reprise de Duchamp : « Ce sont les regardeurs qui font les tableaux. » Pas d'œuvre d'art, en effet, sans échange d'affects, comme le souligne Freud en forgeant le principe du transnarcissisme [2]. L'artiste séduit-il grâce à

1. Jan Swidzinski, *Freedom and Limitation – The Anatomy of Post-modernism*, Calgary, Scartissue, 1988, Avant-propos, p. 5.

2. Sur l'examen de la créativité chez Freud, et ses déterminants psychologiques, voir Sarah Kofman, *L'Enfance de l'art – Une interprétation de l'esthétique freudienne*, Paris, Galilée, 1985.

l'œuvre ? Soit, mais pour qu'il y parvienne, suggère Freud, il lui faut un public, et plus précisément cet autre que lui-même qui tout à la fois reconnaît ses mérites, le valorise et fait exister l'œuvre d'art en lui prêtant attention. De prime abord, la différence entre art classique et art à proprement parler participatif, ou s'en réclamant, paraîtra mince, voire purement formelle : la manière change mais le principe demeure.

Il y a pourtant divergence sur un point essentiel, celui de la « reliance », de la nature du lien réunissant œuvre plastique, d'un côté, et spectateur, de l'autre. L'art participatif relève de la sollicitation, il recherche de manière ouverte et souvent spectaculaire l'implication du spectateur. S'il vit lui aussi de transitivité, comme l'art classique, il n'offre pas des objets à regarder mais des situations à composer ou avec lesquelles composer. Cela tient à la nature inachevée de l'œuvre d'art participative, son achèvement plastique supposant que le spectateur y mette la dernière touche. Évoqué précédemment à propos d'Adrian Piper, le principe de catalyse prend ici tout son sens fonctionnel : offrir une œuvre participative au public suppose dans la foulée l'adhésion physique avec celui-ci. En proposant un tel processus, l'artiste catalyse l'attention d'autrui. Quelle expérience peut naître d'une telle invitation ? Une réalisation non pas imposée par l'artiste mais, au contraire, ouverte, à l'état de passage, et soumise à négociation ; une réalisation où l'intersubjectivité se révèle mécanisme de création, sa nature processuelle faisant de l'œuvre un événement, un opus : ce qui s'ouvrage et non ce qui, enfin achevé, se donne comme œuvré. L'art participatif : une formule qui se concrétise à parts égales dans l'« opération » et dans le cénobitisme.

Il est courant qu'on mette en avant ce néologisme, qui cernerait au plus près la nature de l'œuvre participative : l'« autrisme » (par opposition, certes fort schématique, à l'autisme, trouble psychique qui concerne des patients fermés sur eux-mêmes et qui se trouvent dans l'incapacité d'établir une communication). L'« autrisme », c'est un choix pour les formules artistiques de participation, faites pour le spectateur et avec lui. Dans cette partie où l'on ne joue plus en solitaire, Lygia Clark fait indéniablement figure d'artiste clé[1]. Active entre années 1960 et 1980, elle développe un art de la réciprocité charnelle sans équivalent avant elle. Les œuvres qui la font connaître, les *Bichos* (« Machins »), sont de petits objets à toucher, dont la réalisation suggère plastiquement une préhension : petite taille, aspect attractif, matériaux sensuels.... Une des actions inaugurales qu'elle a menées indique sans équivoque ses intentions communicationnelles : en 1964, à Stuttgart, lors d'une exposition de ses *Bichos*, l'artiste coupe les ficelles qui les maintenaient à trop grande distance du public pour permettre à ce dernier de s'en emparer. Ce prélude à un art du partage donnera lieu à une création réellement imaginative où Lygia Clark s'emploie à multiplier les expériences collectives dans la perspective d'une connaissance approfondie de soi (une série de réalisations appartenant à ce registre, porte le titre significatif de *Structuration du self*), connaissance toujours envisagée dans un étroit rap-

1. Sur Lygia Clark, une synthèse de qualité : Catherine Bompuis, « Lygia Clark », in *Le Travail de l'art*, n° 1, sept. 1997, p. 5 et suivantes.

port avec l'autre : double paire de lunettes assemblées en vis-à-vis, qu'on chausse à deux et qui obligent le regard des deux protagonistes à se croiser ; forme synthétique figurant un ventre de femme enceinte que le public masculin est invité à porter ; séances collectives de proximité intense durant lesquelles les participants sont enserrés dans un filet, comme des poissons prisonniers d'une nasse.... Lygia Clark, pour se définir, emploie le terme explicite de *propositor.* L'artiste n'est plus le démiurge, il est dorénavant désinvesti de tout pouvoir surhumain. Le voici redescendu parmi les hommes, à l'instar d'un nombre croissant d'artistes assoiffés de réalité, préoccupés par la question de l'« action groupale », comme l'on disait dans les années 1970. Descentes dans l'arène du commun dont les mobiles varient jusqu'à être diamétralement opposés : visées d'entraide sociale chez Krzysztof Wodiczko, qui travaille avec des sans-abri dans les termes d'un *useful art*, ou création à vocation utilitaire ; d'inspiration ludique quand les membres du GRAV organisent pour les Parisiens des jeux cinétiques de plein air, etc. Quelle que soit sa nature, l'œuvre autriste a pour vocation de susciter un « être ensemble ». En attente d'une plus grande solidarité sociale (au moins localement), pariant sur la possibilité d'une intersubjectivité réalisée (au moins passagèrement), l'œuvre d'art participative se constitue comme un agent actif de la démocratie vécue, dont elle est sans doute le plus significatif des enfants symboliques. Cette formule artistique décroche de manière radicale de l'idéal, s'installe au cœur du monde concret, celui de la vie présente. Elle s'y distribue dans l'espérance d'une collaboration instantanée avec le public.

Jusqu'au cœur du social

Par définition, l'artiste participatif scelle un pacte avec la démocratie, celui de la consolidation sociale. Il fonde son œuvre sur l'intuition d'un déficit de communication, sur le sentiment d'un inégal « partage du sensible[1] », pour reprendre le titre d'une réflexion politique de Jacques Rancière, déficit et partage inégal que son action, espère-t-il, peut amender. L'artiste participatif agit parce qu'il lui semble que l'art peut mettre de l'huile dans les rouages de la vie collective et, ce faisant, devenir un « multiplicateur » de démocratie.

Cela posé, il reste à synthétiser et, pour ce faire, à qualifier les différentes manières qu'a l'artiste contextuel de participer au jeu démocratique. Or cette synthèse n'est pas aisée. Visant des objectifs différents, l'acte de participation peut aussi concerner des publics diversement élargis, chercher des formes d'impact spécifiques non forcément universelles, variables de surcroît en fonction des circonstances, etc. Lorsqu'en 1982, à New York, le Groupe Material prend le parti de défendre Union Square contre les menaces que font peser sur lui les promoteurs (*DA ZI BAO*), il se retrouve aux côtés des comités de quartier et participe. Quand en 1984 Claes Oldenburg constitue un comité des artistes contre l'intervention des États-Unis au Nicaragua (Artists Call Against US Intervention in Central America), il s'agit aussi de participation, dans les termes d'une lutte collectivement engagée et menée. Quand l'artiste se met au contraire à contester les usages de la collectivité, affirmant son potentiel de sédition, il peut aussi y avoir participation. Ainsi, les

1. Jacques Rancière, *Le Partage du sensible : esthétique et politique*, Paris, La Fabrique, 2000.

Guerrilla Girls (États-Unis, années 1980-90), entreprenant de critiquer violemment le sexisme et les préjugés racistes au moyen d'affiches, de lettres ouvertes aux journaux ou aux directeurs d'institutions artistiques, font œuvre participative. Leur action se caractérise par un investissement militant et une contribution physique à l'amendement social des pratiques culturelles en cours. Quand Gordon Matta-Clark installe dans une rue de Soho, à New York, sa *Open House* (mai 1972), une benne à ordures réaménagée en local ouvert au passant en quête d'un moment de retrait, que fait-il lui aussi sinon participer ? Soucieux que le citadin moderne s'initie à la survie en milieu hostile, apprenne à se débrouiller en toutes conditions ou puisse bénéficier de plus de confort, l'Atelier Van Lieshout (années 1990) met sur pied l'opération *Saucisson*, qui consiste à familiariser quiconque le souhaite avec les différentes manières culinaires d'accommoder le cochon, ou installe en ville sa *Red Bathroom*, une salle de bains mobile, en libre usage pour le citadin qui se trouve hors de son domicile : contribution à l'équipement urbain et à la politique sanitaire [1]. Hélio Oiticica crée pour

1. En précisant bien qu'on ne s'en tient pas à l'esthétisme. Les objets mis à disposition du public fonctionnent. Le projet de l'AVL-Ville, forgé autour de 2000 par l'Atelier Van Lieshout, est conçu de la sorte en vue d'une installation de ses différents éléments à Rotterdam même : « Par ce projet, dit Joep Van Lieshout, son promoteur et principal animateur, l'Atelier Van Lieshout entend créer son propre village utopique, un État libre où les gens pourront faire ce qu'ils veulent (…). L'AVL-Ville contient des œuvres d'art qui peuvent être utilisées pour mener une vie à peu près autarcique (…). Par exemple, une centrale électrique construite par nos soins, des unités d'habitation et de travail, une cantine et même un hôpital d'urgence… » (catalogue *Micropolitiques*, *op. cit.*, non paginé).

les déshérités des favelas de Rio des vêtements qui les désignent symboliquement (dans le cadre de ce qu'il appelle le *parangolé*, autour de 1965 [1]) et leur confèrent plus d'identité que le peu d'existence qui leur est reconnu par le système politique qui les maintient à la marge. Quant à Barbara Steveni, John Latham et les membres fondateurs de l'Artist Placement Group (1966-1989), ils investissent carrément usines et bureaux en y apportant, comme n'importe quel employé, leur compétence. Leur objectif ? L'insertion de l'art dans la vie de l'entreprise, la contribution à l'embellissement des espaces de travail, la conduite d'actions collectives avec les employés, la sensibilisation à l'esthétique contemporaine, etc., autant de projets que les membres de l'APG initieront dans des compagnies britanniques telles que British Rail, la poste ou le National Coal Board [2]. « Participation », là encore, dans une perspective renvoyant analogique-

1. Le *parangolé* est défini par Hélio Oiticica comme un « projet environnemental » d'esprit subversif, s'attachant à « renverser toutes les morales » : il s'agit de contredire, précise Oiticica, « au conformisme, aux opinions stéréotypées et à la création de concepts non créatifs » (voir, pour plus de précision, « Aspiro ao Grande Labirinto », sélection de textes par Luciano Figueirado, Lygia Pape, Waly Salomao, Rio de Janeiro, Rocco-Projeto Oiticica, 1986). Également, *Hélio Oiticica*, catalogue de l'exposition, Witte de With, Rotterdam, 1992. Traduction accessible du manifeste *Schéma général de la nouvelle objectivité*, où Oiticica développe son point de vue sur « la participation du spectateur (corporelle, tactile, visuelle, sémantique, etc.) », selon lui nécessaire, et le devoir de « privilégier des actions collectives », in *De Adversidade Vivemos*, catalogue de l'exposition, ARC, musée d'Art moderne de la Ville de Paris, juin-septembre 2001, p. 61-66.

2. Sur l'APG, John A. Walker, « Artist Placement Group : 1966-1989 », in *John Latham – The Incidental Person – His Art and Ideas*, Middlesex University Press, Londres, 1995.

ment à la théorie de l'« inclusion » développée par John Cage, dont l'argument se résume pour l'essentiel à cette formule : l'art peut se trouver partout et peut tout envahir.

Engageant la coprésence active de l'artiste et la nécessité d'un retour de la part d'un public (retour qui peut être consentant ou réfractaire, amical ou inamical), le principe de participation artistique se nourrit d'un critère fondamental, surplombant tous les autres, celui de l'organisation. Avec ce terme, on n'hésitera pas à avoir recours au fantôme saint-simonien de l'Organisateur, ce personnage clé de la construction des sociétés modernes. Un organisateur, ainsi compris, c'est une figure à la fois investie, partenaire et responsable du monde social : figure inconcevable sans le souci d'action et d'intervention qui l'anime, définie par ce volontarisme et qui agit en principe dans le sens de l'amélioration des conditions de la vie publique. Dans l'art participatif, ce souci d'organisation prévaut lorsque l'artiste recourt au groupe pour inventer une œuvre vouée à un minimum de pérennité, et dont la réalisation va supposer une action non pas anarchique, mais concertée. Joël Hubaut excelle dans ce type de pratiques, quels que soient ses objectifs, qu'il s'agisse d'organiser des dépôts d'objets monochromes (les *C.L.O.M.-Trok*, années 1990-2000), de convoquer des sit-in de manière impromptue (*La Place Rouge à Deauville*, 1996) ou de faire aménager une saignée de plusieurs kilomètres de long à travers la cité d'Hérouville-Saint-Clair, saignée constituée de milliers de cubes de verre mis bout à bout et contenant chacun un objet déposé par un habitant du lieu (*La Ligne*, 2000). Les opérations de type *Écriture productive*, de Nicolas Floc'h (années 1990), parmi tant d'autres, privilégient aussi l'organisation. Suivant une logique prenant à la lettre la théorie de l'énoncé dit performatif, en vertu duquel, ainsi que le formule le linguiste John L. Austin, « Dire, c'est faire », le mot en soi contient ou commandite l'action. Un légume tel que le chou va fournir à Floc'h l'argument d'une chaîne d'actions allant de la plantation dans un parc de Metz jusqu'à la récolte et la consommation collective sur place ; le repas final, en plein air, prenant des airs de banquet républicain. Le collectif italien Stalker, connu pour ses marches forcées dans le territoire urbain, organise depuis mai 1999 l'opération *Ararat*. Campo Boario, à Rome, ils ont transformé un squat en espace d'accueil pour les réfugiés politiques ou économiques de la cité vaticane, en premier lieu les réfugiés kurdes du quartier. Conçu sur le modèle du *Food* (1971-1973) de Matta-Clark, qui dans ce cas fait école (l'« œuvre », rendue indéfinissable, réside autant dans l'action que dans le lieu, autant dans le concept que dans les créations concrètes issues de l'implication des artistes qui fréquentent le lieu [1]), *Ararat* se définit comme un « centre culturel multiethnique-

1. *Food*, plutôt qu'une « œuvre », est une opération, un événement que ses initiateurs entendent créditer d'une qualité artistique. Cette réalisation prend la forme concrète d'un restaurant situé 127 Prince Street, dans Soho, à New York. Ouvert en 1971 par Gordon Matta-Clark et plusieurs acolytes (Tina Girouard, Caroline Gooden...), il fonctionnera pendant deux années. Si l'on y sert des repas, et si l'endroit est un lieu de rendez-vous, on y publie aussi une revue d'avant-garde (*Avalanche*) et on y organise des symposiums, etc. Certains artistes ouvriront par la suite des lieux de rendez-vous, le plus souvent des bars. Citons, pour la période récente, Florence Manlik, à Berlin (1998), ou encore Marc Boucherot et son bar mobile sur plate-forme Vespa (*Là où tu veux*, 1998).

laboratoire d'art urbain ». Ouvert à tout un chacun, réfugié, artiste ou simple citoyen, fonctionnant en vertu d'un principe de solidarité, cette structure offre gîte, couvert et coiffeur aux plus démunis, ainsi qu'une salle de lecture. Le nom choisi, *Ararat*, évocation biblique du Déluge, suggère le sauvetage humain, le refuge inespéré et la terre d'asile, en plus de recouvrir une autre signification, ouvertement politique : la population majoritairement kurde qui le fréquente revendique comme l'on sait la création d'un État, le Kurdistan, dont les monts Ararat, aux confins de la Turquie orientale, seront, l'heure venue, le symbole désigné.

De la participation comme positivité

L'autrisme propre à l'art participatif ne connaît guère de limites, qu'elles soient conceptuelles (l'artiste, sans cesse, élargit et reconfigure son domaine d'action) ou, par voie de conséquence, morphologiques (les formes, en tendance, sont innombrables). Si le critère d'organisation, en matière d'art participatif, pèse plus lourd que d'autres, relevons encore trois dispositions fétiches qui sont à l'œuvre : le *protocole*, le *souci gestionnaire*, la *surenchère sociale*.

Le protocole renvoie à la civilité. Un tel souci anime l'artiste civil, respectueux de son prochain, qui ne saurait envisager un seul instant d'instrumentaliser l'autre, homme et citoyen au même titre que lui. Lorsque le photographe Michel Séméniako inaugure à partir de 1983 sa longue série de *Portraits négociés*, il se coule lui aussi dans une pratique participative, sachant qu'elle ne doit jamais se départir de l'impératif moral qu'il s'est choisi : tu ne dépouilleras pas l'autre de son image [1]. Que son intérêt du moment l'entraîne vers un hôpital psychiatrique, une ville, les employés d'une firme telle qu'EDF, Séméniako suit le même protocole de prise de vues, nourri par une conception de l'ouvrage cumulant familiarité acquise, travail en commun et respect réciproque. Pas question de photographier les gens à leur insu, et surtout pas dans la perspective discutable de la photographie dite compassionnelle, c'est-à-dire cherchant à susciter charité ou solidarité apitoyée. Pour le photographe moral qu'est Séméniako, le respect du « droit à l'image » commande au contraire une organisation scrupuleuse de la prise de vue où la personne photographiée va composer elle-même son image, à sa guise, avec ou sans décor, dans un environnement de tel ou tel registre de couleurs, etc. Non que l'artiste abdique toute prérogative (il vient avec son matériel, peut suggérer des poses particulières, un éclairage spécifique...), mais il conforme son désir de photographe au désir du modèle d'être photographié de telle façon, et non de telle autre. Fréquemment constaté, le fondement protocolaire de l'œuvre participative ne saurait surprendre. L'*accord*, ici, acquiert la force logique d'un règlement esthétique. S'accorder sur la forme de

1. Sur le *Portrait négocié* tel que l'envisage en détail Michel Séméniako, voir catalogue de l'exposition *Identité/Activité* (organisation : Caisse centrale d'activités sociales du personnel des industries électrique et gazière), Rencontres internationales de la photographie, Arles, juillet 1999. Sur les origines de cette pratique chez l'artiste, M. Séméniako, « Chroniques d'images négociées », *Faire image*, Presses universitaires de Vincennes, Saint-Denis, 1989, p. 121 et suivantes.

l'œuvre, négocier, peser le pour et le contre, décider démocratiquement. Les performances publiques qu'exécute l'Exploding Galaxy Group de David Medalla résultent elles aussi d'accords respectifs. On y joue son rôle en fonction d'un autre auquel on s'allie le temps d'une performance.

Autre critère de l'art participatif, le souci gestionnaire, naturellement corrélé au principe d'organisation évoqué plus haut. La propension à gérer fait de l'artiste un manager relationnel, qui orchestre une prestation singulière, preuve de sa capacité à dominer une situation réelle et de son potentiel à s'emparer de la réalité pour la décliner sur un mode autre, le mode artistique, où la dimension symbolique entre très fortement en jeu. Tel est l'esprit qui a présidé à l'action intitulée *Laps*, réalisée à Lyon par Ingrid Luche et Franck Scurti. Les artistes ont présenté l'opération en ces termes :

> « Du 16 novembre 2001 au 5 janvier 2002, les activités de la galerie associative La BF15, à Lyon, sont temporisées par la mise en œuvre d'une structure de production : la création et le fonctionnement à durée déterminée d'un atelier de confection. Recrutés par petites annonces dans la presse locale et à l'ANPE, des ouvriers-textile réalisent durant le temps de l'exposition des tee-shirts bon marché. La production journalière de tee-shirts est rythmée par la sélection d'un dessin de presse. Motif et commentaire caricatural, chaque image, transférée sur tee-shirt, marque au jour le jour le calendrier détourné de ce lieu d'exposition et de ce qui s'y produit [1]. »

1. Source : document fourni par la galerie BF15, Lyon, 2002.

Avec l'aide et la complicité des travailleurs recrutés, mis à contribution pour le travail de confection proprement dit, mais aussi pour le choix des images appelées à être reproduites sur les tee-shirts, les artistes mixent dans ce cas une préoccupation d'ordre esthétique – recycler des images relatives à l'information – et participatif – imiter la position d'entrepreneur. Se signalant aussi par l'habileté gestionnaire de son auteur, *Break Down*, de l'artiste britannique Michael Landy, prend le parti de faire de la participation à la fois un événement, un acte de travail, une entreprise reposant sur une collaboration factuelle et, *last but not least*, un objet symbolique. Ce « projet collaboratif dont l'artiste n'est que le gestionnaire », pour reprendre les termes de Stephen Wright, adopte la forme suivante, de nature processuelle : propriétaire de quelques sept mille objets différents qu'il va classer en dix catégories (habits, meubles, denrées périssables, appareils électroniques, automobile...), l'artiste les inventorie et les répartit dans des sachets de plastique. Après quoi, du 10 au 24 février 2001, dans les locaux d'un magasin C & A désaffecté de Londres, il les fait démonter par des ouvriers embauchés à dessein et dûment rémunérés, puis trier en fonction de leurs caractéristiques matérielles. Comme le relève Wright, « des biens qui ont en partie défini l'identité de l'artiste ne reste qu'une base de données cataloguant leur poids, leur couleur, etc. [1] ». Pour solde de tout compte, « Michael Landy n'a produit aucune œuvre ; l'installation performative n'était que l'aspect tangible

1. Stephen Wright, « Le dés-œuvrement de l'art », in *Mouvements*, *op. cit.*, p. 12.

d'un processus ». Ce type d'action participative, qui renvoie au concept de « créativité diffuse » défini par Pascal-Nicolas Le Strat, ne s'inscrit pas dans une démarche productiviste particulière. Devenu manager, l'artiste est celui qui échange de la vie privée contre du travail, de l'intime contre du public, de la monnaie symbolique contre de la monnaie réelle. Il « gère des contingences », comme le dit très justement Stephen Wright, il use de la participation comme d'une force, à son profit et au profit de la communauté.

De tels exemples, indexant le potentiel d'intervention infini de l'art participatif, signalent aussi son lien fréquemment polémique avec l'organisation sociale instituée. Si l'art participatif n'est pas forcément réfractaire (on vient de voir, avec Landy, qu'il peut être requis à des fins privées), il se détermine néanmoins le plus souvent comme une attaque en règle de la société réelle et de ses appareils de pouvoir. Dans ce cas, une attitude de surenchère sociale s'attache plus volontiers à la confection de l'œuvre participative, dans le sens d'une correction. Si l'artiste se jette parmi ses semblables, c'est parce que quelque chose ne va pas, parce qu'il s'agit de rectifier. Le type d'action qui en résulte en général, à la lisière de l'expression artistique, de l'engagement humanitaire et du combat politique, se révèle du coup des plus logiques et s'avère très fréquent durant le dernier tiers du XXe siècle. Quelques exemples. Victor Grippo, en 1972, construit en plein Buenos Aires un four à pain avec un ouvrier agricole, puis le fait fonctionner. Son objectif : capter l'attention des passants, et dénoncer les conditions de vie précaires des populations rurales. Le groupe Art-Seine

Tri-D, dans les années 1990, travaille à la Cité de refuge de l'Armée du salut, à Paris : créations collectives avec des exclus, des sidéens privés de soutien social et familial ou des prostituées. Échelle Inconnue, autre collectif français, investit au même moment les foyers sociaux. Les Danois de N 55, leurs contemporains, proposent des lieux d'accueil pour SDF tout en réfléchissant à la conception d'un habitat au meilleur prix. La participation solidaire, c'est aussi le but de l'ATSA (Action terroriste socialement acceptable) lorsque ce collectif québécois organise des actions publiques du type de celle dénommée *État d'urgence*, en 1998, à l'occasion du cinquantième anniversaire de la Déclaration universelle des droits de l'homme. Ayant réussi à convaincre les forces armées canadiennes de dresser un camp place des Arts, à Montréal, ATSA va permettre à cinq cents personnes de bénéficier de tentes chauffées, de repas chauds et de vêtements adaptés. Cette action caritative a son prolongement symbolique, « évoquer le camp de réfugiés », en plus d'être physiquement incarnée. « Nos événements, disent les membres d'ATSA, sortes de mises en scène réalistes, viennent transformer et questionner le paysage urbain. La population devient la principale actrice et l'œuvre prend vie et corps avec sa participation [1]. »

1. Cité par Sonia Pelletier, « Pratiques urbaines en art universel issu d'un contexte urbain ? », Dossier « Pratiques urbaines », *Esse*, n° 42, printemps-été 2001, p. 26.

Une évolution contestable

La vigueur des propositions, l'entrain des artistes à les mettre en place, la concrétisation d'une aide sociale ou d'une revendication publique plaident sans conteste en faveur de l'art participatif. Comme on l'a suggéré précédemment [1], cette option peut toutefois en venir à dénaturer les ambitions initiales quand elle se systématise, devient normative, adopte une position consensuelle, voire ressortit à l'animation culturelle. Une évolution constatée dans les faits une fois passée l'ère pionnière des années 1960-70, rançon du succès.

En se multipliant, s'en étonnera-t-on ?, les opérations artistiques de type participatif se banalisent. Il arrive aussi que tout en étant en principe réfractaires elles trouvent grâce auprès d'une institution soucieuse de rattraper l'histoire en marche, et qui les encourage par la sollicitation directe : production, commande publique ou organisation d'événements. Une des répercussions connues de la banalisation et de la récupération se traduit, à la toute fin du XXe siècle, dans l'effet de mode que va susciter un temps l'esthétique relationnelle. Ce qu'elle cherche à démontrer, à travers un produit culturel qu'on voudrait original, et comme pour rejouer a posteriori les grandes heures échues de l'art participatif, c'est la disposition naturelle de l'artiste à l'intersubjectivité, sa mission de valorisation des liens structurant l'espace social, bref, la constitution, à travers lui, d'un champ élargi de convivialité dont l'art serait le nouveau messager. Autant le

1. Voir chapitre II : L'expérience comme règle artistique, p. 39.

reconnaître : cette célébration d'une situation qui, prétend-on, vivrait son apogée n'est pas sans arriver à contretemps. Car, pour le reste, ce dont témoigne l'évolution concrète de l'art participatif sous ses formes diverses, c'est plutôt, à force d'usage, un déclin historique, et ce bien qu'il puisse utiliser à présent de nouveaux médiums tels que l'Internet (qui n'en change pas la nature essentielle) ou qu'il se coule dans la culture techno, culture d'une communion sensorielle rythmique engageant une relation de masse.

Ce *revival* de l'esthétique participative qu'enregistrent les années 1990 n'est évidemment pas le fait du hasard ou l'expression d'un désir sans légitimité. Il se fonde sur cette évidence : bien des artistes entendent persévérer dans la récusation de l'autonomie, du désinvestissement social ou du solipsisme. Mais une telle option est moins aisée à justifier qu'il y paraît. Le post-modernisme, devenu la monnaie de singe culturelle de l'époque, valorise en effet à grande échelle l'individualisme, l'indifférence politique, une certaine apathie pour l'engagement, le dédain pour les « situations ». Or ces reniements post-modernes sont vécus par certains artistes comme une régression, un retour à la case départ de la modernité. Cette dernière, on s'en souvient, n'avait affirmé indépendance et liberté de l'artiste que pour le débarrasser des chaînes de la convention et de l'académisme. L'artiste ayant acquis son leadership, l'objectif était la production d'un art apte à se constituer non comme une formule assujettie, mais comme le vecteur d'un point de vue singulier, pas forcément de nature idéaliste, et qui engage des problématiques et des esthétiques élargies (l'art comme « *expanded field* », dit Rosalind Krauss), art médiatisé à l'occasion par des voies autres que les formules traditionnelles d'exposition. Replacé dans cette perspective, l'art participatif ou d'essence relationnelle correspond à une phase logique de la modernité, l'artiste s'y révélant tout à la fois esthète, producteur de signes excédant le strict registre des arts plastiques, et enfin acteur social. Tel que le relancent les années 1990, en revanche, il apparaît comme le dernier acte d'une pratique dont on préfère ignorer ce qu'elle doit à présent à une indéniable convention, sinon à la facilité. Et ce goût manifesté pour l'intervention directe, pour l'esthétique *cosy*, pour les formules artistiques commandant l'événement ou le rassemblement, pour les soirées ambiance, techno ou *brainstorming*, bref, pour l'art qui se fait là, devant le spectateur, une sorte de « réalisme opératif[1] » (Nicolas Bourriaud), tout cela prend dans la plupart des cas des airs de resucée. On fait comme si le gâteau venait juste d'être sorti du moule. Une resucée qui a cette conséquence, guère surprenante : nombre d'artistes vont, sans vergogne, exploiter la situation, se mettre à livrer à la tonne du « relationnel » de pacotille, s'économisant au passage une réflexion sur ses fins réelles au prétexte que l'union de l'artiste et du corps social irait naturellement de soi, union sanctifiée par l'institution qui monnaie et accueille. Dans ce registre assez démagogique, on citera pour mémoire maintes réalisations, invariablement soutenues par la puissance publique : celles de Jochen Gerz (*Monument aux vivants* de

1. Sur cette notion, voir « Qu'est-ce que le réalisme opératif ? », in catalogue de l'exposition *Il faut construire l'Hacienda*, Centre de création contemporaine, Tours, 1992.

Biron, *Le Cadeau, Les Mots de Paris...*), Clara Halter (*Le Mur de la Paix*, Paris), ou de Fabrice Hybert (pavillon français de la biennale de Venise, 1997), qui n'ont de relationnelle que leur seule désignation publicitaire et s'inscrivent en réalité dans l'action culturelle courante telle qu'on l'a connue naguère, avec les défilés de chars lors du carnaval ou la fête votive de la Saint-Lubin.

S'agissant de ce relationnel « relooké », que théorise avec brio et conviction le critique d'art Nicolas Bourriaud [1], il serait cependant réducteur de lui dénier tout intérêt, ne serait-ce qu'à titre de symptôme culturel. D'une part – les faits sont là –, cette option artistique plaît, suscite l'intérêt et la sympathie de nombreux créateurs. Cet engouement prouve au moins le besoin d'une communication accrue, communication que les artistes impliqués dans l'esthétique relationnelle estiment déficitaire et qu'ils entendent bien relancer par son truchement (du moins l'espère-t-on). Nicolas Bourriaud, de surcroît, n'est pas inculte au point d'ignorer que les formules tardives d'art participatif héritent d'un passé riche. Il a d'ailleurs soin de rappeler de manière préventive qu'il n'est pas d'œuvre d'art sans cette caractéristique « vieille comme le monde », dit-il, la transitivité, « propriété concrète de l'œuvre d'art sans [qui] l'œuvre ne serait rien d'autre qu'un objet mort ». Sachant, argumente Bourriaud, que le « relationnel » de l'art est la conséquence d'une logique structurelle, à savoir l'interaction fatale entre le champ de la création et l'espace social selon la

1. Nicolas Bourriaud, *Esthétique relationnelle*, Dijon, Les Presses du Réel, 1998.

double modalité constitutive du réseau (l'art n'existe pas sans engendrer ni structurer des relations) et de la porosité (il n'est pas de champ étanche, l'art ne saurait se développer dans une sphère séparée, préservée de la réalité). Considérations qu'il ne viendrait à l'esprit de personne de contester, et preuve suffisante, s'il en fallait, pour montrer que l'art relationnel tardif résulte d'un continuum plus que d'une rupture. Sa variante *nineties* ne saurait alors prétendre à la nouveauté, mais cela ne suffit pas à la rendre illégitime. Elle s'inscrit en fait à sa mesure propre dans la suite d'une histoire de la création artistique comprise pour ce qu'elle est *aussi*, n'en déplaise aux formalistes, à savoir le révélateur actif de relations interhumaines et de circulations d'intérêts politiques, esthétiques, marchands ou symboliques de nature sociale. Cela admis, ce qui distinguerait l'esthétique relationnelle des années 1990 de ses formes antérieures, notamment des nombreuses pratiques participatives des années 1960-70, étant bien entendu que « la mise en forme de relations conviviales » est, depuis ces années-là, « une constante historique », c'est moins la méthode que le but recherché. Nicolas Bourriaud fait la remarque suivante :

> « La génération des années quatre-vingt-dix reprend cette problématique, mais délestée de la question de la définition de l'art, centrale pour les décennies soixante-soixante-dix. Le problème n'est plus d'élargir les limites de l'art, mais d'éprouver les capacités de résistance de l'art à l'intérieur du champ social global. À partir d'une même famille de pratiques on voit donc survenir deux problématiques radicalement différentes : hier, l'insistance mise sur les relations internes au monde de l'art, à

l'intérieur d'une culture moderniste privilégiant le "nouveau" et appelant à la subversion par le langage ; aujourd'hui, l'accent posé sur les relations externes dans le cadre d'une culture éclectique où l'œuvre d'art fait résistance face au laminoir de la "Société du spectacle" [1]. »

Ce point de vue peut être discuté, et il l'a été, bien des commentateurs doutant qu'il y ait une réelle différence de nature entre l'art relationnel version *sixties* et son surgeon des *nineties*. Est-ce sa médiatisation tapageuse, ou l'impression qu'ont les artistes, par le truchement de l'esthétique relationnelle, de pouvoir échapper à bon compte à l'autonomie ? Toujours est-il que la formule a fait mouche, se soldant bientôt par un déchaînement des formules artistiques de proximité. Nombre d'artistes voient l'occasion de mettre en pratique un art qu'ils veulent croire aussi neuf que dénué d'origine, nouvelle lubie à laquelle ils s'adonnent sans nuance et en perdant tout esprit critique. Le résultat, que permettent l'insouciance, une connaissance lacunaire de l'histoire de l'art et le sens de l'opportunisme, c'est l'accès de l'art relationnel à la notoriété et l'instauration d'artistes au rang de pionniers, par naïveté réelle ou feinte, quand il s'agit de simples épigones. La sanctification institutionnelle du mouvement achevant quant à elle, non sans perfidie, de figer le destin de l'art participatif dans le giron académique. Il est de bon ton, ainsi, de considérer comme des œuvres de première main les jeux vidéo qu'Angela Bulloch transplante dans ses expositions, le colin-maillard avec masques d'animaux qu'organise Pierre Huyghe dans un parc à Dijon, une cheminée qu'installe Xavier Veilhan

1. Nicolas Bourriaud, *Esthétique relationnelle*, *op. cit.*, p. 31.

dans une exposition de groupe inaccessible en dehors des heures d'accès au musée, et censée pourtant constituer un pôle de rencontre (prière d'attendre l'ouverture des guichets pour venir se réchauffer)... De telles expériences de « transitivité », à dire vrai, ont été menées longtemps auparavant sous des formes autrement moins sujettes à caution (à caricature, disent certains) et véritablement inaugurales. Il est aussi de bon ton de considérer comme le dernier cri du genre le supermarché que Fabrice Hybert installe au musée d'Art moderne de la Ville de Paris (*Hybertmarché*, 1995) [1], et ce dans l'oubli d'expériences antérieures – l'*Environnement Vie quotidienne* réalisé par le groupe UNTEL vingt ans plus tôt, par exemple. Ou de communier avec ferveur dans un esprit cénobitique, qui transcenderait l'intersubjectivité, en jouant une partie de baby-foot à l'invitation de Rirkrit Tiravanija lors d'un vernissage, citation tardive et épuisée des jeux de type Fluxus ou GRAV un tiers de siècle plus tôt. Ou encore de se retrouver à un vernissage de Philippe Parreno où le vernissage tient lieu d'œuvre, en oubliant que dans le même esprit les *Closed Galeries Pieces* de Robert Barry ont trente ans d'âge... Non qu'en l'occurrence il n'y ait pas « relation », mais celle-ci a surtout valeur de *pseudos*, de relation qu'on scénarise, met en scène et joue avant de la vivre, de surcroît le plus souvent sous le regard bienveillant des caciques (toutes les propositions citées se sont déroulées à l'abri de centres d'art ou avec le concours de structures instituées). Ce

1. L'*Hybertmarché* a été présenté à l'ARC (Art, Action, Confrontation), section de recherche du musée d'Art moderne de la Ville de Paris. Outre des œuvres de l'artiste, on y trouvait des produits courants, que le visiteur pouvait acquérir.

jeu, pas loin d'être menteur, éclaire l'état des liens devenus pervers entre artistes et institutions. Prenant valeur de symptôme, la ferveur pour l'art relationnel de ces dernières années est surtout l'occasion de normaliser le monde de l'art, de mettre au pas des artistes susceptibles de répondre favorablement à l'institutionnalisation rapide de leur carrière. Les décideurs en question, rarement éclairés, se contentent de suivre le mouvement, voire s'y engagent de manière démagogique, concourant à intensifier son intégration, représentants de l'officialité et artistes, veut-on croire, ayant pour destin prétendu de marcher main dans la main [1].

1. Se développe alors, de manière symptomatique, un art relationnel d'institution non forcément dénué d'intérêt, dont l'opération *SUPER(M)ART* de Navin Rawanchaikul est, parmi d'autres, un des meilleurs exemples. L'intrigue de cet événement orchestré par l'artiste à l'occasion de l'ouverture du palais de Tokyo-Site de création contemporaine, à Paris, en janvier 2002, prend prétexte d'une publication émanant de cette structure, sur le thème « Qu'attendez-vous d'une institution d'art du XXIe siècle ? ». À partir de là, Navin Rawanchaikul organise une fiction censée se situer en 2052, tandis que le monde de l'art est devenu un gigantesque organisme d'industrie culturelle vendant de l'art sous franchise commerciale, à des fins distractives. Dans le cadre de *SUPER(M)ART*, divers critiques d'art, historiens de l'art, personnalités du monde de l'art de l'année 2002 viennent s'entretenir publiquement de ce qu'est ce dernier, jetant ainsi les bases de la mémoire du futur dont prend prétexte l'œuvre de l'artiste. « Développé autour de la question centrale des orientations de l'art d'ici cinquante ans, *SUPER(M)ART* s'offre comme un lieu d'échange aux participants-spectateurs (*Viewers/Participants*, appelés les ViP) (...). Dans ce contexte, suggérer l'effondrement du monde de l'art institutionnalisé comme un scénario possible du XXIe siècle fait réfléchir. *SUPER(M)ART* réussit à donner exactement l'espace (mental et concret) approprié pour se poser ces questions sans réponse préconçue » (dossier de presse de l'exposition).

Le mythe de l'art comme réparation

Au-delà de ces péripéties, que l'histoire retiendra ou oubliera, quelques questions méritent d'être posées, qui concernent autant les tribulations de l'industrie culturelle que les responsabilités des uns et des autres, artistes et institutionnels de l'art : peut-on user de la participation avec frivolité ? Peut-on en faire un élément de spectacle, un composant du *fun* social, un produit de consommation culturelle ? Il y a problème, en effet, lorsque l'art participatif, institutionnalisé, intronise l'artiste comme médiateur-fonctionnaire et, ce faisant, conforte de manière parallèle et mécanique, au plus haut niveau, une culture de la réparation. L'idéologie de la réparation suppose toujours un fond de culpabilité qui est compensé par un engagement au service d'autrui. Elle dessine du monde l'image première, non d'un ensemble réalisé, mais d'une détresse, d'une perte irrépressible, d'un échec de la volonté, flot de malheurs que l'artiste réparateur se crée le devoir d'endiguer au plus vite. L'idéologie de la réparation accentue la disposition de l'artiste au messianisme, à la mission sacrée. Cette double détermination n'est pas sans effets redoutables, à commencer par celui qui concerne plus que tout autre le champ de l'art : la bonne conscience et le prosélytisme humaniste élevés au rang de prétextes artistiques. De violent et désobéissant, l'artiste devient doux et serviable. Il ne fraye plus avec le nihilisme, ne brûle plus ses ailes de géant au feu de la création et de ses abîmes ; il se conforme au contraire au commun, et s'en va frapper à la porte des officines du traitement social. Loin de la schize intérieure, état bénéfique de séparation d'avec soi, preuve de cette division du moi, comme l'assure Pierre Legendre, d'où naît la possibilité même de la pensée, il a soin au contraire de pacifier son être, prélude aux pacifications dont son art se veut le véhicule positif. L'« artiste-animateur », que va fustiger en 1967 Daniel Dezeuze, membre de Support-Surface, est de ce bord-là : « Baignant dans le "culturel", (il) administrera des théâtres de marionnettes et des "centres de sensibilité" (...), soi-disant accoucheur de masses, ironise Dezeuze, fier enfin de voir coïncider en lui l'appel intérieur avec une fonction heureuse. [1] » Même chose pour l'artiste devenu médiateur : un spécialiste du rapprochement entre les êtres par art interposé, dont l'action peut être légitime (« Merci d'avoir conscience de nos problèmes ») tout comme insupportable (« De quoi vous mêlez-vous, à la fin ? »). Question de mobile, d'objectif et de public. On s'autorisera, sur ce point, une longue citation de Tristan Tremeau qui pose le problème et y répond :

> « À force de prendre soin des spectateurs, on en vient à ce qu'on peut appeler la remédiation. Celle-ci révèle une volonté de restaurer une communauté par le rapprochement social, car est postulé un effondrement des valeurs qui constituaient un discours et un jugement communs. Ce sentiment est relayé par la doxa journalistique de "*l'absence de communication entre les gens*" et, politique, de la partition de la société entre garants du sens commun et élites intellectuelles (...). Autant offrir des moules à la thaïlandaise lors d'un vernissage, comme le fait Rirkrit Tiravanija, versant "Je m'adresse

1. Daniel Dezeuze, « Notes et carnets », 1967, in *Textes et notes 1967-1988*, Paris, Ensba, 1991.

aux jeunes" de la remédiation. Sur un versant bourgeois soft, d'autres installations relationnelles ressemblent à des espaces *new age* où l'effet poético-spirituel kitsch fait retour (Tania Mouraud, Dominique Gonzalez-Foerster). Cette recherche de convivialité par l'usage de signes de reconnaissance culturelle renverse la logique critique promue dans les années 60 par le groupe néo-dadaïste Fluxus. D'une volonté militante de transformation politique des rapports au monde nous avons glissé vers des relations mondaines avec l'étant donné socio-culturel au nom du bien commun et de l'intégration [1]. »

Si elle peut bousculer certains, qui la trouveront injuste, la sagacité de Tristan Tremeau nous éclaire sur une faiblesse classique, l'autojustification fondée sur une prétendue nécessité. En sous-main, Tremeau fustige une forme de lâcheté qui consiste non à se confronter à l'autre mais à adopter systématiquement l'attitude la plus propice à lui faire plaisir. Ce racolage du public par l'artiste relationnel n'est pas loin d'être du même ordre que la prostitution, vénalité mise à part : l'artiste offre du bien-être comme la putain du plaisir, qui plus est gratuitement, ou moyennant le coût modique de l'entrée dans un centre d'art (l'art relationnel tardif plus prostitué que la prostitution elle-même ?). Une telle appréciation peut certes choquer, mais elle repose sur l'hypothèse d'un objectif commun qui pourrait bien être la pacification sociale. La tolérance des pouvoirs publics envers la prostitution a pour raison d'être, plus que la démission morale, la recherche implicite d'un maximum de paix

1. Tristan Tremeau, « L'artiste médiateur », in *Art Press*, numéro spécial *Écosystèmes de l'art*, p. 55, 2000.

sexuelle, paix obtenue en canalisant le désir charnel qui anime la collectivité. L'encouragement donné par la puissance publique à un art relationnel d'État vise un objectif proche, mais en mettant cette fois l'accent sur le besoin. On sollicite ou valorise des artistes domestiqués, devenus les missionnaires d'une transitivité consensuelle, pour mettre les citoyens en état de sympathie réciproque, assimiler une population indifférente ou retorse, lui fournir l'impression de préoccupations communes, promouvoir en surface une fraternité culturelle. Les premières formes d'art participatif, par comparaison, ne s'embarrassaient pas de telles intentions. Ponctuelles ou isolées, elles ne revêtaient pas une dimension exactement « sociale », ou de nature à engager l'entière collectivité, mais tout au plus une dimension communautaire ou tribale. Derrière le rideau de fumée des apparences (des pratiques proches par la méthode mais opposées sur le fond), toute la différence réside dans l'échelle et la nature du contact : micro-échelle et contact franc, voire polémique, dans un cas, échelle macropolitique et pseudocontact amoureux et institutionnalisé, dans l'autre. Du jeu de la vérité au jeu de dupes sur fond de passage de la culture à l'industrie culturelle.

Les participations modestes

Comme on l'imagine, la plupart des artistes impliqués dans le processus de participation n'ont pas ignoré une telle situation, vécue de manière directe et, parfois, douloureuse. Une situation rendue plus problématique dans le contexte de la « mode de l'art » que consacre la période 1980-2000, moment d'une tentative de récupération officielle de l'art contemporain et de ses acteurs au niveau international. Multiplication des musées et des centres d'art, bienveillance du personnel politique et socioculturel, aides matérielles nombreuses et confortables à la création comme à l'exposition, marché de l'art souvent lié à l'officialité et à ses acteurs[1]... La tentation est alors grande, pour l'artiste, de collaborer. Tout l'y invite, à commencer par l'état d'esprit politique de l'époque, façonné en sous-main par l'autoritarisme rampant de la « société décisionnelle[2] », dirait Michel Freitag, mais qui se gausse pour la parade, de manière démagogique, de formules sans cesse réaffirmées en appelant à la fusion politique : l'« intégration », le « lien social » ou la positivité de l'acte « humanitaire ». Un vocabulaire évidemment attractif mais aussi manipulateur, utilisé de façon indistincte par les technocrates et les hommes de bonne volonté, entre *Misery Business* cynique fait sur le dos des laissés pour compte et attitude sincèrement compassionnelle ou solidaire.

La réponse artistique à cette forme d'instrumentalisation n'est pas homogène et ne recherche pas forcément la visibilité. Elle réside dans le modèle de la par-

1. Sur les liens art-officialité-marché dans la période récente, on renverra à l'ouvrage de Raymonde Moulin, *L'Artiste, l'institution et le marché*, Paris, Flammarion, 1992. Une étude rigoureuse qui a fait date, analysant en profondeur la constitution de réseaux et le mécanisme des soutiens réciproques entre institutions et marché de l'art que consacre l'industrie culturelle.

2. Sur la « société décisionnelle », voir Michel Freitag, *Dialectique et Société*, Montréal, Saint-Martin (coll. « Raison dialectique »), t. I et II, 1986 et 1987.

ticipation « modeste ». Réponse sans tapage, dont ne rendent pas compte les grands médias d'art, et caractéristique d'une position *fringe*, à la marge. À l'instar des formes originelles d'art participatif, les variantes modestes renonceront à produire un propos de caractère universel. Atmosphère post-moderne oblige, elles répugnent à mettre en avant des énoncés directifs, militants ou porteurs d'une foi. L'air du temps, décrété époque de la fin des « grands récits », entérine-t-il les défaillances historiques du socialisme réel (dissolution de l'U.R.S.S., 1991) comme du libéralisme positif (crise économique de 1973, krach de 1987, irruption de la « nouvelle pauvreté » dans les pays riches, accroissement de la fracture sociale, etc.) ? Et valide-t-il l'épuisement des idéologies dogmatiques ? Cohérents avec le monde tel qu'il est, échaudés par la vague relationnelle officialisée, certains artistes participatifs vont formuler surtout des doutes, prudents, portés à l'investigation plutôt qu'aux certitudes. D'où dérive un art de propositions plus que d'affirmations, soucieux de débats d'idées, voyant les artistes prendre à bras le corps la situation où ils vivent pour la penser plus que pour l'esthétiser (ou pour l'esthétiser, mais d'une manière qui valorise les énoncés conceptuels, où la pensée se fait forme). Outre la ferveur que suscite chez nombre d'artistes, avec la fin du XXe siècle, le documentaire social, toujours accompagné d'un propos critique (Martha Rosler, Allan Sekula, Marc Pataut, Ursula Biemann…), on relève aussi une multiplication sensible des œuvres collectives de type forum ou cercles de discussion. Autant de réalisations qui renvoient à certains usages de l'art conceptuel, notamment ceux d'Art and Language dans les années 1960-70 (ainsi, pour ce collectif, d'une œuvre telle qu'*Index*, exposition de textes qui sont la sténographie de discussions politiques entre les divers membres du groupe), sinon à la manière professorale utilisée par Joseph Beuys à peine plus tard dans certaines de ses performances de nature didactique (*Kapital*, prenant pour modèle la technique oratoire du « cercle de parole » qu'adoptent, en Allemagne, divers enseignements universitaires). Faute de détenir la solution, l'artiste parle et tend le micro, fait circuler la parole, échange des points de vue avec des experts ou des anonymes n'appartenant pas au monde de l'art. L'œuvre se valide sans trace plastique, elle est un objet parlé (texte ou enregistrement vidéo des propos échangés).

Cette esthétique du forum, vulgarisée à l'extrême fin du siècle dernier, va prendre des tours divers. Sylvie Blocher, dans ses vidéos *Are You a Masterpiece ?*, interroge des personnalités en vue du monde du spectacle, du cinéma ou du sport, icônes vivantes à qui l'artiste demande pourquoi, selon elles, elles sont devenues l'équivalent charnel d'« œuvres d'art ». Les réponses sont variées, multipliant les points de vue sur la question de la dévotion sociale, sa construction, et sur la soif de héros contemporains. Esther Shalev-Gerz, de même, convie des anonymes à parler, elle les enregistre, médiatise leurs propos à travers expositions et publications. Ce que fait aussi le collectif français Échelle inconnue. Raison d'être et nature de son travail :

> « Parce que nous ne croyons pas à l'unicité du réel, nous tentons d'en harmoniser la polyphonie. Depuis 1998, nous tentons, au travers d'expériences centrées

> sur les questions de la ville, de l'espace et du territoire, de réaliser des créations intégrant la population[1]. »

Exemples concrets de l'action d'Échelle inconnue : une intervention dans le territoire urbain et la carte effectué avec des sans-abri, à Rouen ; dans le quartier de l'Argonne, à Orléans, une réflexion collective sur leur territoire de vie engagée avec des jeunes de quatorze à vingt ans, enfants de l'immigration des années 1970 (« Des journaux qui décrivent le quartier, voitures brûlées et carreaux brisés. Un travail de quatre mois avec les fils de la cité. Neuf cartes, des affiches et une installation pour dire le quartier de l'Argonne avec leurs yeux. Elles parlent d'anges, de Dieu, de guerre et d'enfermement[2] »). Tobias Rehberger, pour sa part, réalise des *Bibliothèques horizontales* à domicile : chez des personnes prêtes à accueillir l'œuvre dans leurs murs, il agence des livres, crée un ensemble sobrement posé à même le sol d'une pièce de leur maison. La participation se résume alors à l'appropriation, tandis que la somme des ouvrages exposés des-

1. Site web d'Échelle inconnue, 2002 : www.echelleinconnue.net
2. Échelle inconnue, de manière significative, dit s'être d'abord posé cette question : « Le territoire existe-t-il ? » ; « Ce travail s'énonçait ouvertement contre les discours des faiseurs de villes : politiques, urbanistes, sociologues et architectes trop souvent enfermés, malgré l'illusion créatrice, dans des pratiques de reconduction d'une pensée instituée. Pensée réclamant des vérités carrées, et des grilles de lecture capables d'ordonner – quand elles ne l'aplatissent pas – la diversité chaotique du réel. » Le collectif mène son enquête sur la notion de territoire en sollicitant ceux qui en sont le plus souvent exclus et qui en ont une expérience aiguë parce que traumatique : SDF, jeunes de banlieues, gens du voyage, chômeurs.

sine une culture qui n'est plus celle de l'artiste mais celle de l'hôte de son œuvre, l'artiste délaissant au passage la revendication d'auteur et le principe d'autorité qui lui est lié (l'auteur, étymologiquement, comme détenteur de l'*auctoritas*). La forme du forum va se retrouver, élargie, dans la formule des colloques d'artistes, très en vogue durant les années 1990. C'est le cas de la manifestation *Just Watch* (1997), réunissant des artistes féministes à l'espace Schedhalle de Zurich, ou de l'opération milanaise *Interplace Access* (décembre 1996), qui fédère des artistes contextuels durant quelques jours, dans le lieu d'art autogéré ViaFarini.

Cette esthétique du forum peut s'incarner encore dans la création de supports de presse qui prennent valeur de réalisation artistique. Entre 1989 et 1999, le groupe berlinois Minimal Club se consacre à la publication d'une revue, *ANYP* (*Anti New York Press*), qui, selon la décision initiale, doit compter dix numéros au total, au rythme d'une parution par an. Avec *Karenina.it* (c. 2000), l'artiste italienne Caterina Davinio lance sur le Web une revue ouverte qui offre à ses lecteurs une possibilité de réaction et d'intervention rapide. « Entre art et critique, entre happening et performance télématique, *Karenina.it* est un lieu d'agrégation virtuelle sur les thèmes de l'écriture et de la technologie… », signale son *statement*. Certains lieux, enfin, deviennent l'équivalent d'œuvres : on y parle, agit, se rencontre, on y multiplie débats et confrontations. Cette formule, qui fera florès durant les années 1990 (Accès local, à Paris), a pour particularité d'annuler le principe de l'œuvre comme objet, voire comme événement en soi, pour lui substituer ce prolongement : l'œuvre comme matrice à événements.

L'art participatif dans ses plus récents développements tourne le dos à la monumentalité et se caractérise volontiers par la dissémination des messages, la volatilité des contenus, une fluidité excluant la rigidité doctrinale. Il implique la rencontre authentique, le geste exécuté en commun de toutes les manières possibles et imaginables, au point parfois de ne plus rien revendiquer d'expressément artistique. Au désir d'inscription solitaire dans le temps, propre à l'individualisme, est préférée une esthétique partagée qui surgit de manière occasionnelle, sinon aléatoire. L'art traditionnellement compris est du côté du *chronos*, temps qui se construit et construit, qui dure et qui inscrit. L'art participatif, lui, se tient du côté du *kairos*, ce « moment opportun » des Grecs anciens, le temps, toujours fugace, du « moment décisif ». Croisant les opinions et les vies, suscitant rencontres et confrontations immédiates, la nature « kairétique » de l'art participatif a pour conséquence non d'inhiber toute créativité, mais au contraire de l'exciter. La participation amenuiserait-elle la part de l'auteur, qui adopte le rôle du metteur en scène et non plus celui du démiurge ? Elle augmentera alors les chances de faire sens, le potentiel de la réalité, abordée et évaluée ici à partir d'angles multiples, à signifier. Plus on est de corps, plus on crée.

VIII

LE SOUCI DE L'ÉCONOMIE

L'univers économique attire l'artiste contextuel, qu'il en mime certains mécanismes ou qu'il en devienne partie prenante, acteur, à son niveau, du circuit économique. De quelle manière ? En centrant la réflexion ou l'action sur la valeur matérielle. En créant des entreprises. En allant jusqu'à s'intégrer, à l'occasion, dans le système de la production. Résultat d'une conscience aiguë – et critique – du matérialisme propre à la société occidentale, cette inflexion est le signe des liens étroits que l'art contextuel entend tisser avec le monde réel, y compris dans ce qu'il recèle de plus prosaïque et de moins artistique a priori : la réalité matérielle, la marchandise, les circuits de l'argent. Parmi la diversité des pratiques contextuelles, une telle orientation de travail est assurément l'une des plus originales.

Justifier l'Economics Arts

Economics Arts ? Une catégorie qui ne figure pas dans le répertoire des pratiques artistiques. Sous cette étiquette on regroupera celles dont le propos a pour objet l'économie réelle, un type de création de nature politique (*economics* signifie, en anglais, « économie politique »).

Au cours de la modernité, l'Economics Arts, ou ce qui a pu en tenir lieu, a pris des tours divers : confrontation des artistes à la notion de production, jeu avec la valeur matérielle, mise en place d'échoppes ou d'entreprises, implication personnelle dans le circuit économique, militantisme *No Profit* ou parasitisme... L'économie devient le sujet et l'occasion d'une formulation plastique. Cherche-t-il un « motif », c'est alors naturellement que l'artiste contextuel le trouve dans le spectacle ou la fréquentation du monde économique. Préoccupation aujourd'hui majeure, l'économie est à l'art ce que le nu, le paysage ou l'impératif de nouveauté furent en leur temps au néoclassicisme, à l'impressionnisme et à l'avant-garde : un mobile pour créer autant qu'un thème au goût du jour. Entre les années 1970 et 2000, les expositions se multiplient (elles ont pour intitulés *Inno' 70*, *Art and Economics*, *Pertes et profits*, *Capital* ou *Trans_actions*...), ce qui résulte d'une logique : à une société dominée par l'économie répond un art qu'irrigue, oriente, façonne un questionnement de nature économique, un *ars economicus*. L'âge médiéval, hanté par le salut, engendra une création plastique de nature métaphysique ; la Renaissance, habitée par la question de la place de l'homme dans l'univers, un art de la perspective ; la modernité, obsédée par la liberté, un art porté à s'affranchir de toutes les règles. L'ère libérale, plus que toute autre, inaugure un temps esthétique durant lequel l'art se fait mise en scène, ou répétition formelle de l'économie réelle.

L'art, de la marchandise au management

Au cours du XXe siècle, le rapport de l'artiste au monde économique évolue de manière sensible. En toute cohérence, c'est d'abord au nom de la notion de marchandise que se nouent les liens génériques entre économie et artiste. Ce dernier se pique même de créer ses propres structures de distribution afin d'écouler sa production : la Cédille qui sourit, magasin-atelier ouvert par Robert Filliou et George Brecht à Villefranche-sur-Mer ; la Factory d'Andy Warhol ; le Store de Claes Oldenburg ; le Pop Shop de Keith Haring… autant d'entreprises créées entre 1960 et 1980, dont la finalité et les liens avec l'économie ne sont pas homogènes et fort éloignés de propositions plus actuelles. Souci conceptuel marchand pour les unes (la Factory), option ludique ou expérimentale pour d'autres (Oldenburg, Filliou), jusqu'à l'acte commercial pur (Haring)…

Il est une autre façon pour l'artiste de lier art et économie : retrousser ses manches dans l'objectif d'un profit matériel immédiat. Ainsi du *Baiser de l'artiste*, d'Orlan (1977, « Cinq francs le baiser… Un vrai baiser d'artiste à un prix populaire »), ou des « passes » d'Alberto Sorbelli se prostituant lors de vernissages d'exposition (années 1990) [1].

1. Orlan présente le *Baiser de l'artiste* lors de la Foire internationale de Paris, en 1977. Déguisée en sainte de l'église catholique, elle embrasse quiconque la paie, homme ou femme. Beaucoup déclarent y avoir trouvé du plaisir et ne regrettent pas leur mise, modeste il est vrai. Alberto Sorbelli, travesti de manière provocante, arpente les vernissages d'exposition ou les galeries du Louvre et monnaie ses charmes auprès de quiconque exprime le souhait d'en profiter.

Si le prolétaire ne dispose que de sa force de travail, l'artiste peut en revanche qualifier sa prestation, proposer des services spécialisés à telle ou telle entreprise, bref, revendiquer une compétence le distinguant du manœuvre. Un exemple majeur nous est fourni par l'Artist Placement Group (APG) britannique, actif entre 1966 et 1989. Pour John Latham et Barbara Steveni, initiateurs de ce collectif dont les membres officieront diversement dans les bureaux de poste, les chemins de fer, l'Esso Petroleum Co Ltd ou encore les mines du Royaume-Uni, l'artiste, en général coupé du monde social, doit être intégré à la production. Car rien ne justifie qu'il ne soit pas traité comme un homme ordinaire. Une fois « placé », il devient un employé, il apporte à l'entreprise sa propre vision du monde, intervient dans ses choix, peut infléchir certaines décisions en matière de management, et ce en conjuguant travail d'activation et d'esthétisation [1]. Il est aussi, selon les termes de Latham, la personnalité « incidente », l'individu qui participe, mais pour adopter une position critique [2]. Ce positionnement n'est pas sans rappeler celui des « établis », intellectuels et artistes engagés qui ont décidé, au lendemain de Mai 68, d'intégrer l'usine (comme le peintre Pierre Buraglio en France, au nom de ses convictions humanistes), d'être au contact avec les ouvriers. À cette différence près que l'APG ne sépare jamais art et produc-

1. Sur ces points, *John Latham – The Incidental Person*, *op. cit.*, chap. 13, p. 97 et suivantes.

2. Sur le concept de « personnalité incidente » (*Incidental Person*), voir chapitre I : Un art « contextuel », ou comment annexer la réalité, § *Contexte*, p. 16.

tion. Le but recherché n'est pas une expérience de proximité socio-politique, mais une intégration de l'art à la production matérielle, la création artistique devenant peu à peu une modalité de la création économique. Une attente demeurée vaine et, pour finir, une utopie restée utopie. Le collectif APG n'a jamais réussi à se faire reconnaître de façon durable et crédible auprès des entreprises qu'il a sollicitées. Il a notamment buté sur une question aussi élémentaire que celle du salariat de l'artiste. Artiste que l'entrepreneur refuse la plupart du temps de rémunérer, donc d'intégrer au sens strict du terme. Le prétexte ? L'art est désintéressement, et l'artiste, un producteur désintéressé, différent du producteur classique ; on lui réserve en conséquence un traitement d'exception.

Le management direct est le stade ultime de cette intégration graduelle de l'artiste dans le circuit économique, qu'il s'agisse de collaborations (l'Italien Alighiero e Boetti, dans les années 1970, fait réaliser en Afghanistan des tapis dont il fournit le motif), de créations d'entreprises ou de sociétés de prestations spécialisées. À l'exception d'*Obligations pour la roulette de Monte-Carlo* (1924) [1] de Marcel Duchamp, ces créations, qui connaissent leur apogée dans les années 1980-90, cherchent à contrer une institutionnalisation croissante de l'art et son insertion quasi mécanique dans l'industrie culturelle. Deux types d'entreprises voient alors le jour. D'une part, l'entre-

1. Duchamp émet ce document financier pour réunir des fonds destinés à tester une méthode de paris dont il est l'inventeur. Le système, faute d'autoriser la martingale espérée, tournera court.

prise fictionnelle, où l'artiste « joue » au manager et au jeu de l'économie réelle avec une intention de représentation spéculaire ou une perspective critique : General Idea, Banca di Oklahoma Srl, Ingold Airlines, McJesus Chain, Kostabi World... De l'autre, l'entreprise authentique : cette fois, l'artiste initie une production qui dépasse l'économie du signe, et il convertit ce signe en objet échangeable sur le marché des biens : Int. fish-handel Servaas en Zn., Atelier Van Lieshout, UR Sarl, Heger & Dejanov... Très repérable dans les formes les plus récentes d'Economics Arts, cette accession de l'artiste au statut de manager rend obsolète le souci trivial du simple gain matériel ou de la recherche d'une position qu'on finit par mendier. Concrètement, elle implique une représentation stricto sensu *sociale*. L'artiste s'élève, de son propre chef, au rang d'organisateur. Sa participation à la plus-value générale (production et capitalisation) n'est plus l'effet d'une dépendance au système mais de sa capacité à s'en emparer.

Pour ses *Unités Collectives de Travail (u.c.t.)*, ventes de mobilier de bureau agencé par ses soins, Laurent Hocq coopère avec la firme Buro-Market et est rémunéré à la commission (de 5 à 30 %, selon le contrat). Les membres bordelais de Zébra 3, initiateurs de *Buy-Sellf*, élaborent un catalogue d'objets d'artistes qu'on peut acquérir par correspondance ou sur Internet. Pour réaliser leur série, *Quite Normal Luxury* (1999), Swetlana Heger & Plamen Dejanov passent contrat avec la firme automobile BMW et travaillent à « recycler » (à leur guise) l'image publicitaire de la firme bavaroise dans le champ de l'art contemporain : exploitation de clichés publicitaires ; échange de prestations contre le libre usage d'un véhicule de marque BMW ; organisation, lors de vernissages, de navettes utilisant pour le transport des VIP les plus récents modèles d'automobiles conçus à Munich, etc. Ce faisant, Heger & Dejanov ne vampirisent pas BMW, qui profite de l'occasion pour consolider son image de marque dans le milieu cultivé de l'art vivant. Cette forme de collaboration signale, en revanche, la possibilité d'un fructueux partenariat art-entreprise.

Militants et « mailleurs »

Cette vitalité de l'Economics Arts pourrait paraître sceller une parfaite complémentarité entre la création artistique et une société dorénavant dominée par les impératifs économiques. Complémentarité rarement pacifique, est-il besoin de le préciser, et de nature souvent polémique : l'artiste fait valoir une compétence et en profite pour distiller un point de vue contestataire et militant. Car l'artiste adepte de l'Economics Arts a lui aussi son idée sur la question de l'économie.

À l'extrême fin du siècle dernier, des collectifs tels que Bureau d'études ou Syndicat potentiel, émanation du trio d'artistes Bonaccini, Fohr et Fourt, ont milité pour un salariat des artistes, proches en cela des théories redistributives de Jean-Marc Ferry (« Création d'une allocation minimum inconditionnelle pour les artistes »), ainsi que pour une représentation plus affirmée de la gent artistique dans les instances officielles (« Présence des artistes aux niveaux décisionnels dans les structures administratives de l'art contemporain »). Freeland, créé par les mêmes, se bat pour la gratuité : « elle résiste à la rationalisation administrative et marchande des conditions de vie », peut-on lire dans une plaquette, et « à la toute-puissance de l'échangeabilité et de l'équivalence générale des êtres, des signes et des choses, elle répond par le non-sens, l'inutilité ». Sans grande surprise, les options idéologiques de l'artiste « économiste » s'ancrent en général à gauche et s'inscrivent dans la grande tradition moderniste du refus : activisme pétitionnaire pour la taxe Tobin de fiscalisation des opérations boursières sur les marchés à court terme, pour l'extension du domaine de l'aide sociale, de la solidarité ou de la gratuité, avec une prédilection pour le *Copyleft* au détriment du Copyright, pour la libre circulation sur Internet plutôt que pour les portails d'accès payants [1]... Pas d'économie sans éthique, plaide l'artiste « économiste », tout en fustigeant la barbarie libérale et sa violence sécularisée, tant locale (la précarisation des statuts) que planétaire (l'écrasement du Sud, la marchandisation du monde).

Introduire, via l'art, pensée et humanisme dans le monde des affaires, telle est la tâche que s'est fixée l'artiste Economics Arts. Mais pas question d'être le dernier Mohican d'un néo-keynésianisme quelque

1. Le principe de la taxe Tobin (du nom d'un prix Nobel d'économie américain) est âprement discuté depuis quelques années en France et en Europe : il s'agit de la taxation des transactions boursières, transactions qu'amplifie la mondialisation. Linux, système informatique d'exploitation logicielle, tout comme le *Copyleft* s'inspirent d'un principe de partage de l'information (*Share Economy*) et d'un refus de la propriété, le tout sur fond de militantisme pour la liberté des droits et contre l'hégémonie de Microsoft.

peu excentrique ou caricatural. Ses objectifs ? Éviter la marginalité, accéder de façon concrète au statut de « mailleur », pour user d'un terme emprunté à Luc Boltanski et Ève Chiapello, auteurs du *Nouvel Esprit du capitalisme* (1999), un ouvrage dont l'impact s'est révélé considérable jusque dans le monde de l'art [1]. Au sein de la société dite « connexionniste », modèle bientôt prédominant d'organisation sociale, fondé sur le réseau, l'exclusion est moins affaire de bas revenus que d'isolement, moins question de pauvreté que de non-représentativité. Exister à l'heure du « connexionnisme », constatent Boltanski et Chiapello, ce n'est pas tant être qu'être relié et, si possible, reliant. Est reliant celui qui active le réseau, réunit différents agents autour d'un projet, d'une idée, d'une hypothèse de vie ou de production. Ce fantasme du mailleur propre à maintes démarches d'Economics Arts explique le renouveau des esthétiques dites relationnelles observé durant les années 1990, lesquelles entendent opérer souvent sur le terrain de l'économie réelle : avec l'*Hybertmarché* (1995), Fabrice Hybert installe un supermarché au sein du musée d'Art moderne de la Ville de Paris ; Freeland milite pour une politique sociale d'accès gratuit à un maximum de services ; Liliane Viala organise diverses actions au sein des entreprises…, tandis que l'art continue d'être revendiqué comme fabrique du lien social et l'artiste comme « opérateur » de socialité. L'interactivité est alors parée de toutes les vertus, que l'artiste œuvre dans le champ de l'économie ou ailleurs. On veut le

1. Luc Boltanski et Ève Chiapello, *Le Nouvel Esprit du capitalisme*, Paris, Gallimard, 1999.

croire légitime, ce « maillage », du fait de son apparence démocratique et de la capacité qu'on lui prête de favoriser la cohésion sociale.

La question de l'impact

Malgré son dynamisme, l'Economics Arts pèche par un manque criant d'efficience, souvent fustigé. L'honnêteté amène à poser une question simple : quel est l'impact réel de l'Economics Arts ? La question appelle une réponse décevante. Ou bien ce type d'art s'en tient à dessein au niveau de la représentation, au prétexte que l'art ressortit au champ symbolique, et l'on voit mal ce qu'il vient décliner de la réalité du monde qu'on ne sache déjà (oui, il y a des échanges et de l'argent en jeu ; oui, il y a de l'exploitation et du devenir marchandise, *et alors ?*). Ou bien il vise l'efficacité matérielle, avec des résultats quantifiables, et le constat de faillite se révèle aisé à établir et quelque peu déprimant : cet art-là ne corrige rien, n'a pouvoir sur rien, n'éveille pas même la curiosité des hommes d'affaires, ou des spéculateurs. « Pour exister, une pratique de l'art ouverte sur l'échange et la transaction, la relation et le commerce impose de dépasser les fonctionnements autarciques parfois autistes propres au milieu artistique [1] », souligne David Perreau. Conséquence : à défaut de sortir du monde de l'art ou d'en repousser les limites, le risque, c'est l'*inexistence*

1. David Perreau, « Gilles Mahé : toujours copié, jamais égalé », in cat. d'exposition *Trans_actions – Les nouveaux commerces de l'art*, Presses universitaires de Rennes, 2000, p. 28.

(Warhol : « Ce qui n'est pas vu n'existe pas » ; dans ce cas, « ce qui ne capitalise pas de manière concrète n'existe pas »). Les entreprises d'artistes réellement viables, c'est-à-dire bénéficiaires, s'avèrent fort rares. La plus célèbre, la Factory de Warhol, authentique entreprise devenue sur la fin génératrice de plus-value (20 000 dollars au minimum pour un portrait sérigraphié, réalisé sur commande), fait figure d'exception. Œuvrer sur le terrain économique implique qu'il faille tôt ou tard afficher son bilan. Sachant que sans résultats comptables la position critique n'est pas tenable longtemps.

Comme le relève Marc-Olivier Wahler, qui y voit une authentique limite, « aucune des propositions [de type Economics Arts] ne pourrait réellement fonctionner de manière autonome [1] ». N'était l'intérêt que lui accordent les galeries d'art et quelques musées, l'Economics Arts reste en effet trop souvent une formule d'exposition, un *pseudo*. Quels que soient les risques pris par l'artiste, on pressent qu'il aura toutes les difficultés à accéder au statut d'acteur majeur du monde des affaires, ses gains n'ayant aucune chance d'exploser, qu'il s'agisse de gains symboliques, sachant que de telles entreprises d'artistes ne rayonnent guère au-delà du petit cercle de l'art vivant, ou de gains matériels, surtout : peu d'entre elles fonctionnent sur leurs fonds propres ou dégagent des bénéfices, la plupart étant subventionnées par des instances officielles le plus souvent (centres d'art, notamment). De quoi

1. Marc-Olivier Wahler, « Rapports d'entreprises », in *Art Press*, n° 230, décembre 1997, p. 40.

amoindrir d'office leur caractère perturbateur ou subversif.

Sans nul doute, ces limites expliquent que certains artistes adoptent des positions moins ambitieuses : leur propos fait alors profil bas, et le combat devient pseudo-guérilla. Dans cet esprit de résistance modeste, la fixation sur le troc dont font état plusieurs formules tardives de l'Economics Arts est frappante. En l'an 2000, les Latino-Américains du Colectivo Cambalache, organisateurs du *Musée de la rue*, gèrent une entreprise de troc active dans les rues de Bogota, Porto Rico ou Saint-Denis, où il est demandé aux troqueurs un échange équitable. Tsuneko Taniuchi opère de la même manière dans le cadre de ses *Micro-événements* – une désignation explicite quant à l'ambition mesurée du propos : « Micro-évévement de troquistes », à Paris, Nantes ou autre part, qui affichent pour principe : « Prends ce qui te plaît et laisse ce que tu veux. » Avec *Calais-Kerbrat – On gagne au change !* (1999), Jean Kerbrat convie pour sa part la population de Calais à lui confier un objet personnel, que l'artiste modifie avant de le restituer à son propriétaire griffé et doté de la plus-value que confère le signe artistique. Joël Hubaut organise au même moment des sessions d'échanges d'objets d'une même couleur, ses *C.L.O.M.-Trok*… L'échange n'est pas sans répercussion en matière d'économie proprement dite, mais celle-ci demeure minime. Slimane Raïs échange avec le public des rêves intimes contre la rédaction d'histoires : on en reste, à dessein, au niveau d'une prestation élémentaire, sans ambition politique, loin des fantasmes d'une contestation macropolitique. Avec le *Grand Troc*, réalisé en direct à la télévision basque espagnole

(*El Gran Trueque*, Bilbao, Canal Bizkaia, janvier 2000), Matthieu Laurette s'amuse. Principe du *Grand Troc* : l'échange non équilibré. La règle du jeu établie par Laurette consiste à échanger le premier lot contre un lot de valeur inférieure, et ainsi de suite jusqu'à l'impossibilité de l'échange du fait qu'il n'y a bientôt plus d'objets négociables, puisque en bout de chaîne la valeur disparaît. L'analogie est explicite. Et malicieuse.

Le troc, cette forme fétiche de l'économie de la misère (voir les « Clubs de troc » en Argentine au tournant de notre siècle), résulte d'un ajustement nécessaire entre offre et demande qui voit triompher un échange par défaut, jamais équilibré. L'artiste qui troque ou encourage le troc s'en tient à la mise en forme de l'échange minimal, « produit contre produit » (une formule de l'économiste Jean-Baptiste Say), et à une mise en scène qui tourne le dos à la croissante immatérialité des flux d'échanges. Ce qui fait complètement l'impasse sur l'économie des services et des intermédiaires, devenue pourtant aujourd'hui l'activité dominante (parce que la plus rémunératrice) des sociétés des pays développés d'économie de marché – celle qui pourtant devrait, avant toute autre, retenir l'attention d'un artiste réellement *contemporain*.

À ces modèles d'échange de main à main relevant de la paléo-économie (mais ayant pour contrepartie le contact), d'autres artistes préfèrent des formes d'action « plastique » influencées par l'activisme terroriste, preuve là encore d'une relative impuissance à affronter directement le système avec ses propres armes. Ils adoptent généralement les pratiques séditieuses des *hackers*, actifs dans le domaine des changes ou de l'e-business (commerce électronique). C'est le cas de l'Internationale Virologie Numismatique (IVN), une structure créée par les Canadiens Mathieu Beauséjour et Peter Dubé. Dix ans durant, entre 1988 et 1998, IVN s'est appliquée à tamponner méthodiquement la formule *Survival Virus de Survie* sur des dollars canadiens. Récupérés par la banque centrale, ils ont été retirés de la circulation. Le geste d'IVN n'est pas seulement subversif, il est aussi contestataire : en attirant l'attention du détenteur du billet, on lui rappelle que l'argent n'est pas seulement une matière circulante destinée à gérer l'échange ; c'est aussi un objet social, miroir d'une société matérialiste, préoccupée par sa seule possession. Citons encore etoy, ce collectif d'artistes « hacktivistes » constitué autour de l'an 2000, dont l'objectif est de contrecarrer l'activité de la firme eToy, vendeuse de jouets en ligne, en jouant justement sur l'homonymie et la confusion qu'elle entraîne. De telles actions de « piratage », aussi symboliques soient-elles, ont toutefois une portée limitée. Des millions de billets sont pilonnés chaque année par les banques centrales simplement parce qu'ils sont usagés. Quant à la faillite, au printemps 2001, d'eToy (la firme), on aimerait croire qu'elle est le résultat de l'action perturbatrice d'etoy (le collectif d'artistes). En réalité, cette start-up a subi le sort de milliers d'autres entreprises nées du boom de l'industrie du numérique et ayant misé sur le développement accéléré d'un commerce en ligne qui, faute de réel décollage économique, se fait toujours attendre.

Parasitisme et découplage

Duchamp, *Chèque Tzanck*, 1919. La scène se passe chez un dentiste, un certain Daniel Tzanck. Au moment du règlement des soins, raconte Duchamp dans son texte *Ingénieur*, « j'ai demandé la somme, et j'ai fait le chèque entièrement de ma main, j'ai mis longtemps à faire les petites lettres, à réaliser quelque chose qui ait l'air imprimé – ce n'était pas un petit chèque. Et j'ai racheté ce chèque, vingt ans après, beaucoup plus cher que ce qui était marqué dessus [1] ! » L'artiste, émetteur spontané de monnaie fiduciaire, se fait comme tout un chacun spéculateur, en exploitant la plus-value symbolique culturellement attachée à l'objet d'art pour la changer en or. Duchamp, est-il besoin de le rappeler, n'en reste pas là. John Cage en fut le témoin médusé que l'on sait. Après avoir tâté d'une fort rémunératrice édition de *ready-mades* réalisée avec Arturo Schwarz, le dernier Duchamp, dit Cage, « signait tout ce qu'on lui demandait de signer », utilisant le ready-made comme pur et simple objet de commerce.

Comme Cage le relève (en bon idéaliste, et pour le regretter), cette signature n'est plus celle de l'artiste,

1. In *Ingénieur*, p. 108-109, cité par Dalia Judovitz, *Déplier Duchamp : passages de l'art*, trad. Annick Delahèque et Frédérique Joseph, Villeneuve-d'Ascq, Presses universitaires du Septentrion, 2000, chap. 4, « L'Art et l'Économie : de l'Urinoir à la Banque » (sur Duchamp et l'argent, voir notamment p. 151-181). En 1965, Marcel Duchamp réalise un autre faux chèque, en blanc celui-là, signé de son nom, à l'ordre de « Philipp Bruno ». Le montant en est cette fois illimité et il est négociable à la banque Mona Lisa.

mais celle de l'artiste devenu un véritable businessman – Duchamp avait d'ailleurs conçu longtemps avant cet épisode le projet de vendre des insignes portant l'inscription DADA à un dollar pièce, quand il ne se piquait pas de faire purement et simplement du commerce d'art : échange tarifé d'œuvres de Brancusi avec Lady Rumsey dans le but de soutenir leur cote... Duchamp abandonne sans vergogne un registre pour l'autre. Il déserte le champ de l'art, il évacue les territoires du symbole pour se concentrer exclusivement sur la matière sonnante et trébuchante. Cette façon de procéder, cavalière peut-être, radicale aussi, mais qui paie cash, se retrouve, à peine revisitée, chez les seuls artistes Economics Arts qui « gagnent », c'est-à-dire ceux qui se comportent en profiteurs, en exploitants du système. Comprendre : ceux pour qui ce n'est pas l'art qui importe, mais bien d'abord l'argent. Dans les années 1990, Matthieu Laurette lance ainsi un appel au don d'un genre particulier, ouvertement intéressé, une opération initiée avec l'agent d'art parisien Ghislain Mollet-Viéville dont l'intitulé est fort éloquent : « Nourrissez un artiste pour moins de cent francs »... Édouard Boyer, quant à lui, met en place à partir de 1999 la *BIO-Taxe*, système de don inspiré du principe de BIO-assistance défini par l'artiste et auquel souscriront bientôt des entreprises telles que NOVA ou OPA, qui s'engagent par contrat à verser à Boyer 0,5 % de leurs revenus. Édouard Boyer, dont il est stipulé qu'il ne doit rien à personne, aucune contrepartie, quelle qu'elle soit. De son côté, Gianni Motti détourne au nom du droit de l'artiste des sommes affectées à la production d'œuvres d'art et les convertit *in fine* en voyages... Ces prestations sanctifient la figure de l'artiste en parasite. Elles ont pour principales qualités la clarté conceptuelle et l'efficacité. Et pour principal défaut de ne pouvoir se multiplier, à plus forte raison si l'artiste bénéficie d'une faible reconnaissance sociale ou dans son milieu. Gilles Mahé, qui échafauda diverses stratégies pour se faire entretenir, s'en rendit compte à maintes reprises. Ainsi, lorsqu'il demande au ministère de la Culture de procéder au règlement de ses impôts directement auprès du ministère des Finances, la requête, pourtant formulée sous les auspices de l'art conceptuel, reste sans effet…

Sauf à se faire parasite, l'artiste Economics Arts doit admettre la précarité de sa condition d'acteur. Qu'il affronte l'univers de la production, et l'ébranlement qu'il voudrait provoquer ébranle peu de choses. De là l'action et cette épreuve de la désocialisation qui est du même ordre que celle dont le collectif AGP fit l'expérience douloureuse, dès les années 1960. Passage du temps, évolution des contextes mais rigidités permanentes… Marié à un système qui alimente conceptuellement ses réalisations, l'artiste Economics Arts doit endurer de ne jamais y participer pleinement. L'existence de l'Economics Arts, en revanche, montre que nul domaine de l'activité humaine ne saurait échapper à l'artiste, qui doit rester vigilant, et agir sur tous les fronts.

Conclusion

L'ART CONTEXTUEL, UN AVENIR ?

On se méprendrait en prétendant que l'art contextuel est par excellence l'art du XXe siècle. Il en a été une forme élue, parmi d'autres. Non la moindre, assurément, mais pas la seule, loin s'en faut. On se méprendrait tout autant en imaginant que l'art contextuel, art du présent, a dans l'avenir une place réservée. Même si, a priori, rien n'interdit de le penser. La réalité étant par nature soumise au mouvement, au changement perpétuel, on ne voit guère comment un art qui en tire sa substance pourrait ne pas être, lui aussi, « perpétuel ».

Pourtant, quelques signes augurent un futur incertain. D'une part, les pratiques contextuelles, au terme d'un siècle frénétique, en arrivent à un degré de développement qui se caractérise plus souvent par la répétition que par l'investissement dynamique. D'autre part, leur récupération, sinon leur banalisation ont tendance à en faire un élément clé de l'animation culturelle contemporaine. De même que les pop-stars donnent des concerts, que les DJ sonorisent les rave-partys, que les troupes de théâtre de rue sollicitent l'attention des passants torpides de la ville post-moderne, les formes contextuelles ont fini à leur tour par se couler dans l'ordre du divertissement qui gangrène la culture occidentale du troisième millénaire commençant. Enfin, trop d'adhésion, un usage immodéré et convenu faisant qu'on discute de moins en moins la nature ou la légitimité, historique ou ponctuelle, de ces pratiques tendent à en éloigner les artistes les plus radicaux. Si l'obsolescence du genre n'est pas fatale, elle est au moins possible. L'art contextuel, en ce cas, revivrait à son tour le destin funeste et quasi programmatique des avant-gardes. Toutes, bientôt, lassent, s'usent, s'« historicisent », pour rejoindre le domaine mort de l'histoire de l'art.

L'émergence, dans le dernier tiers du XXe siècle, de la post-modernité n'est pas le moindre problème qu'a dû affronter l'art contextuel. Jusqu'alors, l'art tel que le comprenaient les modernes avait pour mission une double émancipation : la sienne et celle de la culture. La post-modernité, qui répugne à l'engagement politique et au radicalisme, déclasse ces positions de combat. En lieu et place, au nom de cette mollesse jouisseuse qui la caractérise, elle valorise plus volontiers l'éclectisme et la mixité formelle, le léger et le mouvant, le futile quelquefois. Par conformisme, par impuissance aussi à juguler les formes de la vie « administrée », l'esprit post-moderne résiste à combattre la progression de l'intégration culturelle, et s'il n'encourage pas forcément l'institutionnalisation on voit bien qu'il pactise avec elle. Conséquence : à la forme dure, non réconciliée, en tension et polémique de l'œuvre moderne vient répondre la forme policée, simulatrice et sans surprise de l'*opus* post-moderne. La notion de révolte, fortement dépréciée, tend à devenir obsolète dans le champ de l'art. On assiste donc à un véritable glissement culturel – que traduisent notamment la lassitude pour les idéologies du bonheur ou de la perfection, dont on admet enfin la faillibilité, voire la faillite, et un individualisme en pleine croissance, rendant indifférent à tout ce qui relèverait du projet positif. Citons, sur ce point, la judicieuse appréciation d'Élisabeth Wetterwald :

> « Si l'art moderne s'était fait une spécialité de la transgression, de la prise de risque tant esthétique que morale et politique, la post-modernité nous a légué sinon l'apathie, du moins une certaine résistance à l'action. À partir des années 1910, les avant-gardes n'ont cessé de décliner toutes les formes d'activisme possible (...). Aujourd'hui, les artistes ont fait leur deuil de telles outrances. Les années 1980 sont passées par là, encourageant un art propre, aseptisé ; la subversion, si elle se montre encore parfois, n'apparaît plus aujourd'hui que sous la forme de la citation, du simulacre ou de l'ironie. D'un art issu de la contre-culture et convaincu de son efficacité idéologique, on est passé à un art plus réflexif, conscient de ses limites, quand il n'est pas revenu de toute propension à l'utile. Tandis que l'interventionnisme avant-gardiste possédait une indéniable fonction critique, les cibles étant clairement définies et les oppositions déclarées, les occasions et les buts des artistes de l'extrême contemporain semblent plus déterminés par des situations changeantes que par des stratégies théoriquement fondées. Le temps des barricades – quand deux forces déterminées s'opposaient farouchement – est terminé[1]. »

1. Élisabeth Wetterwald, « Carnaval des activistes », in *Parpaings*, n° 8, déc. 1999, p. 20.

Si cet enfant des XIXe et XXe siècles qu'est l'art contextuel ne devait pas perdurer, qu'en retiendrait-on ? D'abord, le pari qu'il a reconduit de manière indéfectible : investir totalement le champ de la réalité. Aucun domaine concret n'est négligé ou laissé de côté par ce type d'art, allant parfois jusqu'à renverser la perspective. Car l'art contextuel se fait à l'occasion créateur de réalité. En attestent nombre d'œuvres qui mettent en scène des fictions, pures formules symboliques projetées bientôt dans le domaine du vraisemblable, voire de l'efficace : des entreprises ou des bureaux d'études d'artistes (UR Sarl, Syndicat potentiel, IKHEA...) aux États politiques ou aux structures urbaines que certains créateurs ont pu susciter (le royaume d'Argilia d'Alex Mlynarcik, la République géniale de Robert Filliou, le Free State of Caroline initié par Gregory Green, l'AVL-Ville de Joep Van Lieshout... [1]) ; des unités de mesure (la « coudée Brouwn », mise au point par l'artiste néerlandais Stanley Brouwn) aux forums, etc. Autre aspect à retenir : l'art contextuel a opéré une mutation des formes, de manière impénitente, sans doute irréversible, pour bannir ce « grand art » qui, il faut l'admettre avec Jean-Luc Nancy, ne saurait plus être dorénavant que « son propre vestige ». Les critères d'expansion, de redistribution morphologique, d'indifférence même à la forme plastique acquièrent avec

1. Une étude synthétique de ces territoires d'artistes reste à faire. Elle est esquissée in Paul Ardenne, *L'Image Corps – Figures de l'humain dans l'art du XXe siècle*, chap. « Le corps participatif », Paris, Éditions du Regard, 2001, p. 340-344.

lui une sorte d'éminence, obligeant par rebond à requalifier les approches plus traditionnelles de l'art.

Enfin, comme on l'a vu, l'art contextuel aura rendu l'art au présent, il aura fait de l'artiste un partenaire de l'histoire immédiate. C'est bien de ce *statement* que la jeune artiste mexicaine Minerva Cuevas, parmi tant d'autres créateurs opérant d'une manière identique ou proche, fait dépendre sa méthode artistique, tout en se qualifiant à la fois d'« artiste et d'activiste sociale » : « mêler l'art à l'activisme social », promouvoir un art se caractérisant « par des interventions sur la voie publique, l'utilisation de la vidéo, de l'Internet, de radio pirates et de matériaux imprimés » et « interrogeant des domaines comme l'identité des entreprises, les processus économiques, les moyens de communication de masse, les problèmes sociaux et la biotechnologie ». L'artiste structure elle-même son propre travail comme le ferait un entrepreneur, au travers d'unités de réflexion et d'action créées par elle et autogérées telles que Mejor Vida Corp, MVC Communications ou encore MVC Biotechnologie [1].

Ce partenariat de l'art contextuel avec la réalité, par engagement bien compris, ne vise aucun sublime, ne cherche nulle transcendance. C'est ce que d'aucuns, idéalistes dans l'âme, ont quelque mal à lui pardonner, reprenant le reproche que Delacroix, bien avant eux, adressait déjà au réalisme, simple – et donc vain, selon lui – décalque du réel. C'est un fait, même si la perspective ouverte par les arts du contexte est critique et,

1. On trouvera le détail des activités de cette artiste dans le catalogue de l'exposition *De Adversidade Vivemos*, *op. cit*, section 4, non paginée.

comme telle, dialectique ; même si elle est promesse d'une transformation, ne serait-ce qu'infime, de la réalité concrète, vécue au quotidien, où l'artiste choisit résolument d'opérer. Cantonné à l'ordre des choses, mais pour l'analyser, marié à lui, mais pour le bousculer, l'art contextuel fait en cela la preuve que l'activisme artistique peut valoir comme une *politique*, c'est-à-dire, à s'en tenir à l'étymologie du terme, comme une des formes possibles du « gouvernement de la réalité ». À cela il n'y a, ose-t-on croire, rien de préjudiciable.

BIBLIOGRAPHIE

Ouvrages et essais généraux

ARBOUR, Rose-Marie, *L'Art qui nous est contemporain*, Montréal, Artextes, 1999.

ARDENNE, Paul, *L'Art comme expérience* (avec Pascal Beausse et Laurent Goumarre), Paris, Dis-Voir, 1999.

ARDENNE, Paul, *L'Art dans son moment politique*, Bruxelles, La Lettre volée, 2000.

BOLTANSKI, Luc, CHIAPELLO, Ève, *Le Nouvel Esprit du capitalisme*, Paris, Gallimard, 1999.

BOURRIAUD, Nicolas, *Esthétique relationnelle*, Dijon, Les Presses du Réel, 1998.

BOURRIAUD, Nicolas, *Formes de vie : l'art moderne et l'invention de soi*, Paris, Denoël, 1999.

BUREN, Daniel, *À force de descendre dans la rue, l'art peut-il enfin y monter ?*, Paris, Sens & Tonka, 1998.

BUREN, Daniel, *Les Écrits 1965-1990*, Bordeaux, CAPC, 1991.

CAUQUELIN, Anne, *Essai de philosophie urbaine*, Paris, Presses universitaires de France, 1982.

CERTEAU, Michel de, *L'Invention du quotidien. Arts de faire*, Paris, Gallimard, 1990.

COHEN-CRUZ, Jan, dir., *Radical Street Performance – An International Anthology*, Londres-New York, Routledge, 1998.

COOPER, Martha, CHALFAND, Henry, *Subway Art*, Londres, Thames & Hudson, 1984.

COTTINGHAM, Laura, *Essays on Feminism and Art : Looking through the Seventies*, Amsterdam, G + B Art, 2000.

COUCHOT, Edmond, *La Technologie dans l'art, de la photographie à la réalité virtuelle*, Nîmes, Jacqueline Chambon, 1998.

CRIQUI, Jean-Pierre, *Un trou dans la vie – Essais sur l'art depuis 1960*, Paris, Desclée de Brouwer, 2002 (notamment les essais consacrés dans ce recueil à André Cadere, Robert Smithson et Gabriel Orozco).

CRITICAL ART ENSEMBLE, *La Résistance électronique et autres idées impopulaires*, Paris, L'Éclat, 1997.

DACHY, Marc, *Journal du mouvement Dada, 1915-1923*, Genève, Skira, 1989.

DAVILA, Thierry, *Marcher, créer. Déplacements, flâneries, dérives dans l'art de la fin du XXe siècle*, Paris, Éditions du Regard, 2002.

DELEUZE, Gilles, GUATTARI, Félix, *Mille Plateaux – Capitalisme et schizophrénie 2* (chap. IX, « 1933 – Micropolitique et segmentarité », p. 253-283), Paris, Minuit, 1980.

DOMINO, Christophe, *À ciel ouvert*, Paris, Scala, 1999.

FERRER, Mathilde, dir., et al., *Groupes, mouvements, tendances de l'art contemporain depuis 1945* (notamment les entrées « Art en milieu urbain », « Art féministe », « Art sociologique », « Esthétique relationnelle », « Pratiques in situ »), Paris, Ensba, 2001.

FINKELPEARL, Tom, *Dialogues in Public Art* (recueil d'entretiens), Cambridge, Massachusetts – London, The MIT Press, 2000.

FISCHER, Hervé, *Théorie de l'art sociologique*, Paris, Casterman, 1977.

FOREST, Fred, *Pour un art actuel : l'art à l'heure d'Internet*, Paris, L'Harmattan, 1998.

GALLAND, Blaise, *Art sociologique : méthode pour une sociologie esthétique*, Genève, Georg, 1987.

GARRAUD, Colette, *L'Idée de nature dans l'art contemporain*, Paris, Flammarion, 1994.

GROUT, Catherine, *Pour une réalité publique de l'art*, Paris, L'Harmattan, 2000.

HENDRICKS, Jon, PINCUS-WITTEN, Robert, *Fluxus Codex*, New York, Abrams, 1988.

JONES, Amelia, *Body Art : Performing the Subject*, Minneapolis, The University of Minnesota Press, 1998.

JUDOVITZ, Dalia, *Déplier Duchamp : passages de l'art*, Villeneuve-d'Ascq, Presses universitaires du Septentrion, 2000.

KAUFMANN, Pierre, *L'Expérience émotionnelle de l'espace*, Paris, Vrin, 1969.

KELLEIN, Thomas, *Fluxus*, Londres, Thames & Hudson, 1995.

LACY, Suzanne, dir., *Mapping the Terrain : New Genre Public Art*, Seattle, Bay Press, 1995.

L'Art de l'exposition (coll.), Paris, Éditions du Regard, 1998.

LATHAM, John, *Event Structure – Approach to a Basic Contradiction*, Calgary, Scartissue, 1981.

LEVIN, Harry, *The Gates of Horn : a Study of Five French Realists*, New York, 1966.

LIPPARD, Lucy, *Six years : The Dematerialization of the Art Object from 1966 to 1972*, New York, Praeger, 1973.

LOUBIER, Patrice, NINACS, Anne-Marie (dir.), *Les Commensaux – Quand l'art se fait circonstances*, Montréal, Skol-Centre des arts actuels, 2001.

MAFFESOLI, Michel, *La Contemplation du monde : figures du style communautaire*, Paris, Grasset, 1993.

MARTEL, Richard, *et al.*, *Manœuvres – Le Lieu, centre en art actuel*, Québec, Inter, 1990.

MILLET, Catherine, *L'Art contemporain en France*, Paris, Flammarion, 1994 (notamment « L'art adhère au réel », p. 184-194).

MORRIS, William, *Contre l'art d'élite* (textes réunis par Jean Gattegno), Paris, Hermann, 1985.

NICOLAS-LE STRAT, Pascal, *Une sociologie du travail artistique*, Paris, L'Harmattan, 1998.

PARKER, Rozsica, POLLOCK, Griselda, *Framing Feminism. Arts and Women's Movements 1970-1985*, London, Pandora Press, 1985.

PIPER, Adrian, *Out of Order, Out of Sight*, volume 1 : *Selected Writings in Meta-Art 1968-1982*, Boston, MIT Press, 1995.

POINSOT, Jean-Marc, *L'Atelier sans mur*, Paris, Art-Édition, 1991.

POPPER, Frank, *Art, action et participation – L'artiste et la créativité aujourd'hui*, Paris, Klincksieck, 1985.

RESTANY, Pierre, *Avec le Nouveau Réalisme sur l'autre face de l'art*, Nîmes, Jacqueline Chambon, 2000.

RICHARD, Alain-Martin, et ROBERTSON, Clive, dir., *Performance au/in Canada 1970-1990*, Québec, Inter Éditeur, 1991.

RUBIN, James Henry, *Réalisme et vision sociale chez Courbet et Proudhon*, Paris, Éditions du Regard, 1989.

SIOUI DURAND, Guy, *L'Art comme alternative*, Québec, Inter éditeur, 1997.

SWIDZINSKI, Jan, *Freedom and Limitation – The Anatomy of Post-modernism*, Calgary, Scartissue, 1988.

TESSIER, Yvan, *Art libre dans la ville*, Paris, Herscher, 1991.

WODICZKO, Krzysztof, *Art public, art critique – Textes, propos et documents*, Paris, Ensba, 1995.

Articles, périodiques

DAVILA, Thierry, « L'officine contemporaine : d'autres homéopathies », *L'Art médecine*, cat. d'exposition (musée Picasso d'Antibes), Paris, Réunion des musées nationaux, 1999, p. 218 et suivantes.

Éco-systèmes de l'art, hors série *Art Press*, n° 22, automne 2001.

FALGUIÈRES, Patricia, « Mécaniques de la marche. Pour une pathétique des images animées », in cat. d'exposition *Les Figures de la marche* (commissariat : Maurice Fréchuret, musée Picasso, Antibes), Paris, Réunion des musées nationaux, 2000.

HOLLEVOET, Christel, « Déambulations dans la ville. De la flânerie et la dérive à l'appréhension de l'espace urbain dans Fluxus et l'art conceptuel », *Parachute*, n° 68, automne 1992, p. 24-28.

HOLMES, Brian, « De l'interaction en art contemporain », *Parachute*, n° 95, juillet-août-septembre 1999, p. 52-54.

« Immatérialités » (dossier), *Esse*, n° 43, automne 2001.

Internationale situationniste, 1958-1969 (revue, douze numéros, republication), Paris, Arthème Fayard, 1997.

JARTON, Cyril, « L'art en train de se faire », *Art Press*, n° 222, mars 1997, p. 26-30.

JOOS, Jean-Ernest, « Communautés et relations plurielles : dialogue entre les philosophes et les artistes », *Parachute*, n° 100, octobre-novembre-décembre 2000, p. 44-45.

JOOS, Jean-Ernest, « De la disparition de l'objet », *Esse*, n° 43, automne 2001, p. 6-9.

LOUBIER, Patrice, « Des espaces conviviaux », *ETC Montréal*, n° 49, mars-avril-mai 2000, p. 6-12.

LOUBIER, Patrice, « Du signe sauvage, notes sur l'intervention urbaine », *Inter art actuel*, n° 59, 1994, p. 32 et suivantes.

FOURNIER, Mathieu, « Aux arts citoyens ! Les œuvres d'art illégales », *Montréal Campus*, 18 novembre 1998, p. 18.

METZGER, Gustav, « Note on Recent Work 1972' », *Prismavis*, n° 4, Hovikodden, septembre 1972.

« Pratiques urbaines » (dossier, par Sylvette Babin, Johanne Chagnon, *et al.*), *Esse*, n° 42, printemps-été 2000.

SIOUI DURAND, Guy, « Du spectaculaire contre le spectacle : le dilemme de l'art performance », *Esse*, n° 40, été 2000, p. 6-15.

SWIDZINSKI, Jan, « L'Art comme art contextuel » (dossier), *Inter*, n° 68, 1991, p. 35-50 (coordination de Richard Martel).

TORTOSA, Guy, « Art public et responsabilité politique », dans Françoise Coblence, Sylvie Couderc, Boris Eizykman, *et al.*, *L'Esthétique de la rue : colloque d'Amiens*, Paris, L'Harmattan, 1998, p. 101-128.

TREMEAU, Tristan, « L'artiste médiateur », *Art Press*, numéro spécial *Écosystèmes de l'art*, 2000, p. 53 et suivantes.

WAHLER, Marc-Olivier, « Rapports d'entreprises », *Art Press*, n° 230, décembre 1997, p. 38 et suivantes.

WETTERWALD, Élisabeth, « Carnaval des activistes », *Parpaings*, n° 8, décembre 1999, p. 20-24.

WRIGHT, Stephen, « Le dés-œuvrement de l'art », *Mouvements*, n° 17, septembre-octobre 2001.

Catalogues d'expositions

Billboard – Art on the Road, A Retrospective Exhibition Of Artists' Billboards Of The Last 30 Years (commissariat : Laura Steward Heon, Peggy Diggs, Joseph Thompson), MASS MoCA, North Adams, Massachusetts, mai-septembre 1999.

Capital (commissaire : Nicolas Bourriaud), Centre régional d'art contemporain, Sète, 1999.

Cette culture qui vient de la rue (commissariat : Pierre Restany), Galerie municipale, Vitry-sur-Seine, 2000.

Collectif Art Sociologique. Théorie, pratique, critique, palais Galliéra, Paris, 1975.

De Adversidade Vivemos, ARC, musée d'Art moderne de la Ville de Paris, 2001.

GRAV. Stratégies de participation – groupe de recherche d'art visuel. 1960/1968 (commissariat : Yves Aupetitallot), C.N.A.C. « Magasin », Grenoble, 1998.

Gordon Matta-Clark (commissariat : Corinne Diserens), Valencia, IVAM-Centro Julio Gonzalez ; Marseille, musée Cantini, 1993.

Hors limites : l'art et la vie 1952-1994, Paris, Publications du centre Georges Pompidou, 1994.

Il faut construire l'Hacienda, Centre de création contemporaine, Tours, 1992.

L'Art au corps : le corps exposé de Man Ray à nos jours, Musées de Marseille, Réunion des musées nationaux, 1996.

Live in Your Head – Concept and Experiment in Britain 1965-75 (commissariat de Clive Phillpot et Andrea Tarsia), Whitechapel Gallery, Londres, février-avril 2000.

Micropolitiques (commissariat de Paul Ardenne et Christine Macel), Grenoble « Magasin »-Centre national d'art contemporain, 2000.

On the Passage of a Few People Through a Rather Brief Moment in Time: The Situationnist Internationale 1957-1972, Boston, Institute of Contemporary Art, 1989.

Propos mobiles, dépliant d'exposition (commissariat de Denis Gaudel), Paris, automne 1998.

The Power of the City/The City of Power (commissariat : Christel Hollevoet, Karen Jones et Timothy Nys), New York, Whitney Museum of American Art, 1992.

Trans_actions – Les nouveaux commerces de l'art (MST Sciences et métiers de l'exposition, université Rennes 2), Presses universitaires de Rennes, 2000.
Transfert (commissariat de Marc-Olivier Wahler), Biel/Bienne, 2000.

REMERCIEMENTS

L'auteur tient à remercier Sylvie Fenczak, à l'initiative de cette étude, Patrick Amine, qui a soutenu son projet, Jackie-Ruth Meyer, qui en a, à de nombreuses reprises, discuté et fait évoluer le contenu. Sa reconnaissance, encore, va à Bruno Guiganti, Ghislain Mollet-Viéville et Patrice Loubier, pour leur confiance, leur connaissance du sujet et le prêt de documents d'accès difficile. L'auteur tient également à saluer les recherches pionnières de Richard Martel et Guy Sioui Durand, ainsi que celles de Sylvette Babin et de Johanne Chagnon, qui constituent un matériau de première main dont la fréquentation – sans doute pas assez assidue – lui a été fort profitable. Sa gratitude, enfin, va aux artistes ayant autorisé la reproduction de leurs œuvres dans cet ouvrage, ainsi qu'aux galeries qui les représentent.

INDEX DES NOMS PROPRES ET MOUVEMENTS

TABLE DES MATIÈRES

Achevé d'imprimer en février 2009
sur les presses de l'imprimerie Maury-Imprimeur
45330 Malesherbes

N° d'édition : L.01EHQN000366.N001
Dépôt légal : février 2009
N° d'impression : 09/02/144335

Imprimé en France